AF178586

ediciones
en auge

auge Verlag
malabo, madrid & wien

www.ediciones-en-auge.eu

Joaquín Mbomío Bacheng

El tótem de Oleachea

Desde Ebebiyín hasta Bilbao

ediciones en auge

2025

tredition

En cooperación con
ediciones en auge

© 2021 Joaquín Mbomío Bacheng
Druck und Distribution im Auftrag Joaquín
Mbomío Bacheng
tredition GmbH, Halenreie 40-44, 22359 Hamburg,
Deutschland

ISBN   978-3-384-52958-9

A mis amigos de Viena:

María Eugenia G. Montalvo,
Max Doppelbauer &
Mischa G. Hendel

Nota del autor

La publicación de esta novela, con un título muy significativo, *El tótem de Oleachea, desde Ebebiyín hasta Bilbao*, responde a una profunda aspiración de justicia y libertad de todos los guineanos que sufren los efectos de la dictadura nguemista desde los albores de la independencia hasta hoy. El 5 de marzo de 1969 fracasa un golpe de Estado supuestamente protagonizado por el ministro de Asuntos Exteriores, Atanasio Ndongo Miyono, que se había aliado a Francisco Macías Nguema durante las elecciones presidenciales de 1968 y cuyos votos hicieron la diferencia para la derrota en las urnas del rival de Macías, Bonifacio Ondo Edu, antiguo presidente del gobierno autónomo (1964-1968).

Tras el fallido golpe, seguidores de Macías y la *Juventud en Marcha con Macías* organizaron una verdadera *caza al hombre* con maltratos, detenciones arbitrarias y linchamientos de ciudadanos inocentes acusados de ser simpatizantes de Ondo Edu (Ncuac) y de Atanasio (Alen). Más tarde la *Juventud en Marcha con Macías* se convirtió en *Milicia Popular* llegando a ser un órgano paramilitar muy activo al servicio de la dictadura, el primero que configuró el régimen nguemista por todo el territorio de Río Muni y más tarde en Bioko.

De ahí que la capacidad de maldad acuñada durante años de poder absoluto del clan Nguema, perteneciente a la etnia Fang, ya no permita una convivencia pacífica y normal entre los guineanos. En Guinea no hay respeto mutuo, ni fraternidad entre las etnias, ni mancomunidad, ni solidaridad entre las distintas culturas y regiones de los pueblos que configuran el Estado de la República de Guinea Ecuatorial: Ambo-Annobonés, Bisio, Bubi, Criollo o Fernandino, Fang y Ndowe.

La población guineoecuatoriana, sobre todo las diferentes minorías que no son Fang han llegado a la conclusión de que la independencia guineana no ha servido para nada, ni para nadie. Es más, ha agravado todavía más las distancias entre las etnias. Porque el aparato del Estado, férreamente monopolizado por el clan nguemista, desde 1968, destruye sistemáticamente toda iniciativa de convivencia nacional.

Hoy en día, tras el fracaso de la independencia guineana, muchos piensan que no hubo españoles que sacrificaron sus vidas, aportaron su energía, su saber, su ciencia y su voluntad, en suma, su humanidad. Esta novela celebra el encuentro entrañable entre un hombre, vasco de nacimiento, Olaechea, y el pueblo fang de Ebebiyin.

El tótem de Oleachea

Desde Ebebiyín hasta Bilbao

1

Era casi una cosa puesta en el lecho, un ovillo de forma humana, una figura tremenda, horrible, de esas a las que a uno no le gusta mirar cuando acaba de contemplar el retrato hermoso de la aurora al nacer el día. La verdad era que su cara era de miedo, con ojos de ultratumba que parecían haber contemplado un gran desastre durante mucho tiempo. Un tiempo de conflagración. Tenía ante mí una criatura salida del apocalipsis de San Juan. Hace años se hubiera dicho que había sido víctima de la guerra de Biafra y hace unas lunas le darían como superviviente del genocidio de Ruanda. Su cara inexpresiva llevaba puestos unos ojos exageradamente abiertos que me miraban fijamente durante un tiempo eterno, también interno, con calma, con esa estoica y soberbia resignación que transmite un bantú negro africano ante la muerte, condenado por la vida. En un segundo da un repaso de lo que ha sido su vida, toda su existencia, lo hace muy rápidamente. No ha visto pasar los años. Su vida ha transcurrido en un solo día; ha nacido aquella misma mañana, ha hecho todo lo que pudo desde su nacimiento. Llegó al mundo en su pueblo y en su tierra, hijo de su padre y de su madre, vivió como todos los guineanos nacidos después del 12 de octubre de 1968, primero bajo la dictadura de Francisco Macías Nguema, durante su infancia y juventud; luego bajo la dictadura del sobrino de Macías Nguema, Teodoro Obiang Nguema, eso ya en su juventud y edad adulta.

Una manta blanca cubría su famélico cuerpo negro cuya esquelética silueta se adivinaba bajo la fina tela del lienzo que lo cubría. La colcha de su lecho llevaba impresos en su centro, sobre el bulto del enfermo, caracteres como de reclamo que anunciaban el nombre del centro hospitalario donde nos encontrábamos *DONOSTIA UNIBERSITATE OSPITALEA – HOSPITAL UNIVERSITARIO DONOSTIA*. Me habían llamado aquella mañana a nuestra asociación, situada en el periférico barrio de Intxaurrondo, a casi una hora andando del centro de la ciudad de la capital donostiarra. Nuestra agrupación funciona como una peña y es, como se dice hoy, una asociación humanitaria inclusiva, pero que se ocupa exclusivamente del emigrante africano que llega al País Vasco y que necesita ayuda y asistencia. Tenemos un estándar telefónico de atención al público que suena siempre cuando un emigrante se encuentra en dificultades o con problemas. Siempre es el caso. Y por ese caso todas las instituciones de Euskadi de atención también al público como la Policía Nacional, la Ertzaintza (policía vasca), hospitales, Cruz Roja, ayuntamientos, ambulatorios, banco de alimentos y demás servicios sociales tienen, todas, la dirección de nuestra ONG y su número telefónico.

Con frecuencia, los que llaman a nuestro teléfono tienen problemas en localizarnos, pasan días llamándonos sin respuesta, porque nos cortan la línea por no pagar con regularidad nuestras mensualidades. A veces suele ser por falta de fondos, otras por pagar la factura con retraso; entonces las llamadas telefónicas nos llegan por correo varios días después. Aquellos días acabábamos de recibir la subvención anual que nos otorga el Ayuntamiento de San Sebastián. El cheque municipal nos suele llegar como los Reyes, a principios del año, el día siete de enero. Día de nuestro regalo. Aquel día, tras el regreso de los Magos, nuestra telefonía funcionaba correctamente y aquella mañana era el servicio de Urgencias de la Unidad de Gestión Sanitaria del hospital el que había llamado a nuestra asociación; se requería la presencia de un responsable de nuestra fundación en el centro hospitalario. Era yo el voluntario de turno que hacía la permanencia y, sin más tardar, me personé en el gran complejo vasco de la salud. Siempre he pensado que ese centro de sanidad se construyó en un tiempo complicado, durante una epidemia o algo parecido. El hospital de San Sebastián está situado en un lugar muy apartado del conjunto urbano, alojado en una de las colinas que rodean la ciudad. San Sebastián se sitúa, como el resto del territorio de Euskadi, entre la montaña y la mar, algo parecido a la isla de Bioko, en Guinea Ecuatorial, donde la capital, Malabo, también se encuentra entre mar y montaña.

En España, en el País Vasco, nuestra asociación se crea en enero de 1996 en San Sebastián y le pusimos un largo y pomposo nombre para impresionar a la gente: Asociación Asistencial Humanitaria Amigos de Guinea Ecuatorial ONG BATA. Fue una larga labor, obra de un colectivo de socios vascos de Donostia en apoyo a la iniciativa de Lorenzo Bacale Andeme, antiguo guardia municipal donostiarra, originario de Guinea Ecuatorial y modelo de integración en la sociedad vasca. En sus inicios, nuestra actividad principal era la colaboración con el gobierno vasco en su política de cooperación al desarrollo y ayuda a África, con acciones humanitarias de ayuda a los enfermos con casos graves e incurables en el continente negro. Guinea Ecuatorial fue el primer país que se benefició de este programa asistencial. El Gobierno vasco y el Ayuntamiento de San Sebastián fueron los sólidos bastiones del fomento de este programa de ayuda humanitaria. Años después, la asociación orientó sus esfuerzos a la ayuda al inmigrante africano que llegaba y a su inserción en el País Vasco. Nuestro centro se encuentra ubicado en la plaza Mons, que también se llama Plaza de Guinea en el barrio de Intxaurrondo, lugar donde ha tenido muy buena acogida en el vecindario. Comúnmente en San Sebastián se nos conoce con el nombre de Casa de

Guinea o Guineatxea, en vasco. Nuestras actividades se concentran en el terreno asistencial: reparto de comidas a los más necesitados, información y orientación al público extranjero que nos solicita, trámites y extranjería, gestiones administrativas y seguimiento social de nuestros socios y miembros, participación en eventos nacionales y de la comunidad vasca, como en el pasado mes de febrero en el que participamos en la campaña del Carnaval de San Sebastián animando nuestro barrio.

Nuestra peña forma parte de la red de centros abastecidos por el banco de alimentos de Guipúzcoa, procedemos a la ayuda material con distribución de comida y vestimenta durante todo el año a razón de treinta familias por semana. También se incluye a los vecinos del barrio que cuentan con pocos medios. De este modo muchas familias de inmigrantes participan regularmente en nuestras actividades. En nuestro cometido contamos siempre con un grupo de voluntarios espontáneos y ocasionales. Nuestro local funciona también como un centro de información de primera mano para emigrantes de última hora, para ello recogemos y reproducimos comunicados y directrices afines al mundo de la migración. Diariamente actualizamos nuestro tablón de anuncios con noticias, avisos y bandos del Ayuntamiento, así como toda comunicación tendente a orientar a los inmigrantes que llegan a nuestro local en busca de información. Inversamente enviamos a las personas interesadas hacia las instituciones habilitadas para atender sus necesidades. En este caso no solo vienen inmigrantes sino también el resto de las personas que se encuentran de paso en Donostia.

La ciudad de San Sebastián es un complejo de corte aristocrático puesto como un mirador frente a la mar. Es una ciudad animada por una burguesía de alma conservadora y espíritu comunitario, dotada de una religión, la católica, que se confunde a veces con las tradiciones más arraigadas que traducen hoy la identidad vasca. San Sebastián es también lugar de cita permanente de la historia de España y del nacionalismo vasco. En agosto de 1930 se celebró en Donostia el Pacto de San Sebastián, ancestro de los Estatutos autonómicos. A comienzos de los años ochenta, en Rentería, un municipio de San Sebastián se alzó como único baluarte la bandera ikurriña. Donostia está construida sobre la mar, como una concha junto a la playa. Precisamente la playa de la Concha es la principal atracción turística de la ciudad. Una ciudad que se levanta a ambos lados del Río Urumea; sobre ese río se levanta también una de las mayores obras de arte de la ciudad, el puente María Cristina.

Donostia se parece a un gran barco anclado en tierra firme donde gravita la vida ciudadana intensa y sosegada al mismo tiempo. Bajando del monte y siguiendo el curso del Urumea hacia el océano se encuentran arrabales transformados hoy en barrios con una larga lista de nombres: Loyola, Hiberas, Amara Viejo y Amara Nuevo. En la zona de Amara es donde se encuentra el estadio de Anoeta, escenario de la Real Sociedad, el legendario equipo de futbol donostiarra, donde brillaron hombres con nombres de mito: Satrústegi, Arconada, López Ufarte y otros. Lejos del estadio vienen barrios del casco urbano, Gros, Centro y Parte Vieja. Esa parte vieja limita con una colina en forma de punta que se adentra en la mar, es el monte Urgull, donde se encuentra el Castillo de la Mota, hoy casa de la Historia. La historia cuenta que ese edificio de la colina apartado de la ciudad era la guarida de Franco en sus años de poder cuando venía a San Sebastián. El ayuntamiento de San Sebastián es una majestuosa casa señorial que se deja acariciar por el suave viento que arrastran las olas de la Bahía de la Concha. Mientras en el otro extremo de la bahía se llega al barrio Antiguo que tiene como observatorio en su costa el Palacio de Miramar junto al parque de su nombre. En ese palacio cuenta otra vez la historia que se albergaron los reyes de España, Juan Carlos I y Doña Sofía, en su primer viaje oficial a Donostia. Bajo el Palacio de Miramar sale un túnel donde aparecen y desaparecen paseantes en un incesante desfile turístico a lo largo del paseo marítimo, junto a la playa de la Concha.

Esa avenida de la mar es la principal arteria que anima y alimenta la ciudad con su flujo de viandantes y tráfico rodado. Desde allí se llega a las calles, plazas, avenidas, mercados, oficinas y comercios. La jornada laboral en San Sebastián discurre como la imagen que refleja la ciudad en los escaparates y vitrinas de sus tiendas. Una actividad de bonanza económica. Una capital próspera en un Estado de Bienestar. Para su prestigio y renombre la capital de Guipúzcoa acoge un evento cultural que hace su reputación mundial, el Festival Internacional de Cine de San Sebastián que se desarrolla en el moderno edificio del Kursaal, de estilo futurista, que sirve también de palacio de congresos. San Sebastián no es una sociedad de clases, es un mundo foral con un ordenamiento forjado por un ideario generado por siglos de historia, generoso y hospitalario, con un hecho notable, un lazo histórico que se anudó con el reino de Castilla cuando los tres feudos vascos, Álava, Guipúzcoa y Vizcaya dejaron la corona de Navarra. Una nota íntima que se entrelaza con ese mosaico de pueblos que es España. Alguien dijo que vivir en San Sebastián es buena forma de saborear la vida. Una eterna emigración hacia lo cotidiano. Fue con ese noble ideal de estar, aquí y ahora, con el que se fundó la ciudad de San Sebastián.

En San Sebastián está la Casa de Guinea de Bacale, antiguo emigrante guineano de la etnia fang, oriundo de Acurenam, en la región continental de Río Muni. Se llamaba Lorenzo Bacale Andeme y llegó a España a finales de la década de los años cincuenta, cuando todavía los peninsulares se frotaban los ojos al ver a un negro. A principios de los años sesenta, Bacale se casó con una mujer blanca de Salamanca y se hizo policía municipal en Donostia, cuando todavía Guinea era provincia española de África y los guineanos tenían nacionalidad española. En el País Vasco, llamado Provincias Vascongadas por el franquismo, Bacale vivió los años más felices de su vida, su mujer salamantina le dio dos hijos, una niña y un niño, y sus paisanos vascos lo adoptaron como hijo de color de nacionalidad vasca con baluarte de la tierra ikurriña.

2

Eran los años sesenta, años de los treinta gloriosos, un prolongado ciclo de auge económico en el mundo y desarrollo del turismo en la Península. Es en esa época cuando emerge en España la figura de Manuel Fraga Iribarne, gallego de ascendencia vasca que llega al ministerio de Información y Turismo en el momento en que reinaba también un conocido general procedente de Galicia. Entonces se pone en marcha un plan de desarrollo turístico con la construcción en todo el territorio español de una red de carreteras dotadas de paradores y establecimientos públicos para atender y deleitar al flujo de turistas extranjeros que llegan: son franceses, alemanes, ingleses... y vienen en masa, pasando por la frontera de Irún-Hendaya, por carretera, por donde también años antes pasara, en tren, el general Franco para su histórica entrevista con Hitler, también en Hendaya, en octubre de 1940. Por la misma vía pasó también parte del contingente y material de la famosa División Azul del general Muñoz Grandes, enviado por el régimen franquista como refuerzo para apoyar a los Nazis en su campaña contra la Unión Soviética en la estepa rusa. Ramón Serrano Suñer, entonces ministro de Asuntos Exteriores de Franco, justificó esa expedición solidaria al régimen nazi como medida cautelar que evitó la ocupación de España por Alemania durante la segunda Guerra Mundial. Muñoz Grandes llevó su división celeste a la derrota ante los Rojos de Moscú. Hoy todavía no se sabe con exactitud en qué frente alemán combatió Muñoz Grandes, lo que sí se da por cierto es la desorganización organizada de la famosa división franquista en el campo ruso, una desbandada general con militares desaparecidos y gran número de desertores, muchos de ellos se quedaron en Rusia insultando a Franco y a sus generales, y se afiliaron al partido Comunista de Santiago Carrillo.

En la carretera de Hendaya hacia San Sebastián, tras la frontera, se encontraba Lorenzo Bacale, ya en los años sesenta, convertido en motorista de la policía de tráfico, encargado de vigilar la extensa red de carreteras del turismo español. Al guineano le tocaba controlar, junto a sus colegas, la densa circulación veraniega de la costa cantábrica, desde la playa de la Concha en San Sebastián hasta el puerto de Santurce en Bilbao, pasando por Cantabria y Asturias, hasta el puerto de Vigo en Galicia. Y cuando llegaba a Vigo se iba, montado en su moto, a comer calamares, pulpos y gambas en el bar del puerto de la ciudad pesquera. A Lorenzo Bacale le dieron un binomio motorista, oriundo también de Guinea: se llamaba Marcelino Nguema Mba, era también de la etnia fang, y procedía de Nsork, igualmente en la región continental de Río Muni. Era pues esa pareja de

19

color la que durante años daba la nota tropical veraniega a las carreteras y playas de la España de la bella época, tiempos del twist y de músicas yé yé, cantando el porompompero con música de los Beatles, los Brincos, los Bravos y muchos más.

Andando el tiempo y pasando los años Lorenzo Bacale se encontró en la edad de la jubilación. Eran los años 90, hacía tiempo que Franco había muerto, hacía tiempo que se habían jubilado todas aquellas estrellas que cantaban felicidad en los años sesenta: el hombre del tiempo, Rafael, Marisol, Palito Ortega, Rocío Jurado… España ya vivía nuevos tiempos con gritos de Ramoncín o Alaska y los Pegamoides. Había nacido un nuevo rey, se gritaba democracia, con partidos políticos y asociaciones de derechos humanos por doquier. Para matar el tiempo y seguir sirviendo a las comunidades que habían contado en su vida, la vasca, española, y la guineana, africana, Bacale crea una peña de aficionados a la cultura africana. De esta iniciativa emerge en 1990 la Asociación Guinea Ecuatorial-Euskal Herria que tiende a acercar el País a la realidad africana mediante el trampolín hispano que es Guinea Ecuatorial. En ese momento Bacale crea una emisión radiofónica destinada a la audiencia guineana a través de Radio Exterior de España. Ese programa conoce un éxito fenomenal en Guinea, donde las cosas han cambiado radicalmente desde el día de la independencia, el 12 de octubre de

1968. Todo ha cambiado, en Guinea, en España y en el resto del mundo.

En África los antiguos territorios colonizados han llegado a la independencia en los años sesenta. Pero aparece una triste realidad, ningún país negro se encontraba suficientemente preparado para asumir las consecuencias de una independencia política y las bases de una soberanía nacional. Los estados africanos formados producen un nuevo contexto en el continente africano caracterizado por guerras fratricidas: Congo Belga, secesión de Biafra, guerra civil de Angola, guerra de Ogadén... así como por el hambre en Etiopía y la aparición de regímenes dictatoriales, crueles y represivos: Francisco Macías Nguema en Guinea Ecuatorial, Idi Amin Dada en Uganda, el Emperador Bokasa I en África central, Mariscal Mobutu en el Zaire... Esta es la vitrina que África ofrece al mundo después de las independencias. Es más, en los años ochenta el continente es azotado por todos los males del mundo: pandemias, pobreza, miseria, hambre, subdesarrollo, analfabetismo, insalubridad. Desde entonces, con todos los componentes en contra, a partir de los años ochenta, muchos africanos salen de sus tierras y huyen de su continente. Todos buscan refugio y salvación en las antiguas potencias que antes condenaban y tachaban de colonialistas. La nueva moda africana es el exilio, la huida, el destierro, cueste lo que cueste, no sólo se trata de exilio político, sino también de emigración, pura y simple.

Es migración por factores económicos y de supervivencia. Los refugiados africanos buscan asilo y arropo en la antigua Europa colonial. Es más, la casta política africana ha instaurado un nuevo régimen, que consiste en organizar elecciones fraudulentas con resultados abrumadores en favor siempre del hombre en el poder. En África gobiernan presidentes vitalicios que legan a sus hijos el poder dictatorial en herencia. En Togo, el general Ñasibe Eyadema, un déspota y dictador sanguinario, tras gobernar su país toda su vida, a su muerte trasmite el poder a su hijo, el actual dictador, Faure Eyadema. En Gabón, Omar Bongo, un maniobrero de mucho cuidado, tras haber dilapidado el tesoro nacional gabonés durante su larga vida, pasada al frente del país, a su muerte cede el palco presidencial a su hijo, Alí Bongo, quien a su vez imita a su padre en el poder. En la misma Guinea Ecuatorial, se instaura el sistema del clan nguemista. En 1968 Francisco Macías Nguema es elegido presidente de la República en las únicas elecciones libres que ha conocido el país en toda su historia. Macías inaugura un poder dictatorial represivo que dura once años. En 1979, se produce una revolución de palacio en la capital guineana; el sobrino de Macías, su mano derecha y jefe del Ejército, el teniente coronel Teodoro Obiang Nguema, derroca a su tío, Macías Nguema, por un golpe de Estado en agosto de 1979.

Obiang Nguema toma el poder de Macías Nguema. Desde entonces el sobrino y nuevo nguemista de turno mantiene al país bajo una férrea dictadura. En 2025 Obiang Nguema es el dictador longevo más viejo del mundo, a su muerte le sucederá en el poder, como propiedad familiar, una de sus numerosas criaturas. Tal es el balance de las independencias africanas.

3

Por parte de España el balance es completamente diferente; el país ha vivido mucho tiempo bajo la bota dictatorial, aislado por las democracias europeas y por el mundo occidental triunfante del nazismo. Con un régimen franquista fraguado por el fuero caliente característico de los pronunciamientos latinoamericanos, de campo militar y arcaico, España pasa a ser la principal novedad europea de los años ochenta, con un nuevo sistema democrático y un flamante régimen parlamentario occidental, reforzado en la cabecera del Estado por un joven heredero que trae una corona en la mano. Se llama Juan Carlos I. Es nieto de Alfonso XIII, que renunció al trono en tiempos de don Miguel de Unamuno, con mucho dolor en el alma, cuando todavía se hablaba del general Primo de Rivera y de otros todavía poco conocidos. Poco tiempo después de la muerte de Franco, en 1975, el nuevo monarca español convence a la Europa comunitaria y seduce al mundo occidental. El nuevo rey de España será laureado por las instituciones europeas con el Premio Carlomagno poco después de la integración de su país en el Mercado Común Europeo (MCE). España llega al mercado de Europa con el viñedo más grande del mundo y empieza a vender su vino. Bruselas toma la copa y las ayudas estructurales europeas empiezan a llover en las regiones más atrasadas del reino, renacido junto a los componentes específicos de la producción peninsular, lo cual propicia un rápido incremento de la economía española que se convierte, en poco tiempo, en una de las potencias comerciales de la Europa del sur.

De país proveedor de emigrantes hacia Francia, Suiza y Alemania, España se convierte de la noche a la mañana en país receptor de inmigrantes provenientes de Latinoamérica y de África blanca: del Magreb, Marruecos, Túnez y Sahara. La llegada de emigrantes negros de África tiene como consecuencia la creación de un nuevo gentilicio geográfico y de color: *subsahariano*. Los *subsaharianos* llegan a España a finales de los años 80 y empiezan a ser visibles al ocupar las calles con sus ventas ambulantes y se propagan, sobre todo, en centros turísticos del litoral en el decenio de los 90. Antes, en España, solo se conocía la emigración latinoamericana, que era una población homogénea a la del resto de los habitantes del territorio español. Los sudamericanos que emigran a Europa entre los años sesenta y setenta lo hacen por motivos políticos, pues huyen de las violentas dictaduras de Chile, Uruguay, Guatemala y Argentina, principalmente. Estos regímenes mantienen muy buenas relaciones con el régimen franquista. De modo que muchos de esos emigrantes se instalan en países como Francia, Italia, Suiza y Alemania, muy pocos en la misma España. Tras la muerte de Franco, con la Transición, se legalizan las formaciones políticas en España, entre ellas el partido comunista de Santiago Carrillo, quien regresa del exilio. De la misma manera la nueva democracia española atrae también a exiliados políticos sudamericanos.

Durante este período la cultura latino-americana sella sus huellas en el viejo continente; en particular en Italia y España, países donde esa inmigración cobra una dimensión afectiva por los lazos históricos y culturales.

Los latinoamericanos en Europa están en casa, los suramericanos, chilenos y argentinos que se presentan entonces en Europa, son gente preparada y cultivada; en países como Francia se integran rápidamente en el tejido socioeconómico como cuadros y ejercen su influencia en diferentes esferas sociales. Desde Europa van a aportar una activa contribución política a la democratización del continente latinoamericano. Muchos se afilian al poderoso Partido Comunista Francés (PCF) y otros al muy prometedor Partido Socialista (PS). En 1981, esas dos formaciones llegan al poder en París, bajo la presidencia de François Mitterrand, y desde entonces el país galo intervendrá directa o indirectamente en el proceso de transición democrática en América Latina. El mismo fenómeno se vive en España en 1982, con el triunfo de Felipe González, al frente del Partido Socialista Obrero Español (PSOE). Desde entonces se asistirá progresivamente a la desaparición de las dictaduras en Sudamérica por un fenómeno de *vasos comunicantes*. Incluso se asistirá a la emergencia de una generación de líderes sudamericanos que se identifican con sus homólogos europeos, como es el caso de Alán García, de Perú, que tiene como referente a Felipe González. Es el tiempo de *la belle époque,* la bella época, del mundo socialista y de la migración solidaria internacionalista.

En los años noventa se descubre la otra vertiente de la migración latina, la del capital de Marx, porque ya no se trata de personal cualificado sino de obreros proletarios, mano de obra excedente, víctimas de ruinosos programas de ajuste neoliberal impuestos por el Banco Mundial (BM) y el Fondo Monetario Internacional (FMI) a la América sur de condominio norteamericano. Los principales países proveedores de esta nueva ola migratoria ya no son de corte aristocrático o burgués, son países currantes y de hombres fornidos, curtidos por largas y duras jornadas de labor: Ecuador, Perú, Colombia y República Dominicana principalmente; son países estructuralmente diferentes a Chile y Argentina. La nueva migración latinoamericana es proletaria y étnicamente visible, pero igualmente dinámica en el marco laboral. Es mano de obra barata que ocupa puestos de trabajo en sectores rechazados por los mismos españoles. Esos nuevos emigrantes trabajan en el campo, en la agroindustria, la minería, obras públicas y construcción. Sectores de labor penosa y trabajo duro, donde aún se da fuerte al martillo sobre el yunque. España, tras su integración en la Comunidad Económica Europea, ha experimentado un formidable crecimiento económico y aumento de nivel de vida. Su mercado abre nuevos puestos de trabajo y, naturalmente, la demanda se orienta a Hispanoamérica, cuyos trabajadores tropiezan con problemas de emigración a los Estados Unidos. Según cifras oficiales de entonces, emanadas de un flamante edificio de Estadísticas de Madrid, entre 1991 y 2003, España conoce un incremento exponencial del flujo migratorio pasando de un número inicial de 61.000 a 514.500 trabajadores emigrantes latinoamericanos.

En 2007, las cifras oficiales arrojan un 31,2% de sudamericanos en el suelo español. Estos no solo contribuyen al aumento de la producción española, sino que también contribuyen a reactivar el dinamismo sociocultural de sus principales urbes y periferias: Madrid, Barcelona, Sevilla, Zaragoza, Almería, Bilbao, Valencia, etc. A esa emigración proletaria marxista, estructural y estructurada, que llega a la nueva España capitalista se une otra ola migratoria, mucho menos convencional, anarquista, aventurista y endiabladamente tercermundista. Esa emigración flota en el viento y vuela sobre las aguas; es una marea humana que viene en patera y en balsas de fortuna, tragadas en alta mar por la noche y escupidas por el Mediterráneo al amanecer en las playas europeas de costa a costa. Esos nuevos desembarcados no entran en las estadísticas oficiales. Son todos clandestinos, porque son los nuevos piratas de los tiempos modernos, entran en el espacio europeo por infracción, no roban ni pillan porque el mar los escupe medio muertos en las playas y salen del vientre de la ballena de un continente desconocido. Todo un milagro, un pavoroso milagro, como el del profeta de Nínive. Por eso esos supervivientes de la miseria causan espanto y terror como antaño los moros en la costa.

Los países exportadores de esa masa migratoria no son pobres, porque están en África y disponen de inmensas riquezas naturales y de subsuelo que también exportan hacia Europa. De modo que todos sus dirigentes, los presidentes africanos, o casi todos ellos y sus familias son opíparos parásitos de sus respectivos Estados y por medio de la corrupción, del robo y pillaje de las arcas nacionales y del dinero del pueblo llegan a ser todos millonarios, magnates, ricos propietarios de lujosas residencias y cuentas bancarias en los principales países europeos. Víctimas de la corrupción de sus dirigentes, los negros africanos, llamados subsaharianos en España, llegan pues a esa España y se suman al tejido migratorio local. En varias ciudades, muchos barrios cobran nueva configuración y fisonomía, como el barrio madrileño de Lavapiés, que se enriquece culturalmente con esa nueva ola de inspiración creativa tropical. Con su llegada, llega el alboroto, pero sobre todo una nueva energía, vital y existencial. La cultura revive y se recrea, con nuevos mundos hechos de nuevos colores, se cree en la resurrección de García Lorca en Granada. En Madrid se da particular importancia a la poesía, en particular la nueva corriente urbana. Son los bandos del Ayuntamiento, publicados en forma de versos por quien fue un día primer magistrado de la capital española, don Enrique Tierno Galván. Con su nombre se rehabilitan las diferentes corrientes que han contribuido a la hegemonía cultural de la capital española, como el desaparecido movimiento ultraísta.

El Ultraísmo reaparece en las calles madrileñas. Pero ya no se mira el famoso puente de la muerte desde arriba, ni tampoco nadie se deja caer abajo en un gesto suicida triunfal, sellado en el aire con el elegante salto del ángel. Todo lo contrario, la nueva generación proclama la *movida* se mira el puente de la muerte con vida, contemplando con mucho gusto sus soportes altos y esplendorosos, saboreando la existencia y aplaudiendo su construcción. Se sube razonadamente a la Gran Vía, recitando los bandos del alcalde desaparecido como poemas del Manzanares en una tarde de San Isidro, con una caña en la mano, bebiendo a sorbos la popular cerveza madrileña Mahou, vaciando también el botellón, así se llega a la Plaza del Sol, puntualmente, al amanecer. Esa es también la nueva España, con su otra cara, con una nueva faz como antifaz, la realidad de la emigración. El colectivo inmigrante africano, que llaman subsahariano, también participa junto a los latinoamericanos de la dinámica de esa España renacida en la prosperidad. Generadora de nuevas actividades, creadora de puestos de trabajo, empleos fijos y ambulantes, servicios varios y diarios, tiendas de comercio y alimentación, mercados públicos y clandestinos, locutorios y telefonía, agencias de viaje, transferencias financieras, bares con bocadillos, restaurantes con cochinillos, discotecas con ambiente, chicos para las damas, mujeres para la juerga, en fin, gritos de amor y alcohol y mucho más. En España el colectivo emigrante crea todo un sector económico específico, propio de una economía de mano de obra migratoria, barata y rentable, que contribuye poderosamente a lo que se dará en llamar en el decenio del dos mil *el milagro económico español.*

4

El *milagro económico español* de los años dos mil es de mucho sabor y terror; con la prosperidad económica llega también a España una nueva épica lírica, nueva versión del ruedo ibérico que se declina en palabras antes desconocidas en el paisaje peninsular: inmigración y racismo. Una crónica realista renovada que recoge la vida del Lazarillo de Tormes en los aledaños del palacio de la Moncloa en pleno siglo de oro financiero español. Las Cortes de Madrid desglosan un nuevo temario de gusto itinerante: Ley de extranjería, Pateras y polizontes, Inmigración y delincuencia, Violencia racista, Control fronterizo, Los sucesos de El Ejido, Lavapiés, Iniciativas integradoras, Sudacas, Subsaharianos, Los Rumanos de Madrid, Ceuta, Marruecos, Delegado del Gobierno para la Inmigración y Extranjería, ONGs e inmigrantes, Portavoz de SOS Racismo, Portavoz de Extranjería PP, Portavoz inmigración PSOE, Portavoz Cruz Roja en Fuerteventura, Portavoz Guardia Civil Fuengirola, Portavoz del Foro de la Inmigración, Delegado Episcopal Diócesis de Cádiz-Ceuta etc. Esa nueva nomenclatura surge de hechos y sucesos narrados en diarios con páginas de sal y pimienta, a veces con dibujos salidos de la mano del caricaturista guineano Ramón y Queso, que ilustra a la España democrática, alimentando a la dictadura obianguemista de Guinea Ecuatorial, mientras que es invadida a su vez por víctimas y refugiados que huyen de la opresión y llenan la crónica de los informativos.

Un milagro económico que no se vive de la misma forma por parte del colectivo negro africano de España, por razones históricas y estructurales. España no ha sido una gran potencia colonizadora en África como lo fue en América. España no tiene tradición ni vocación africana como otras potencias europeas, como Francia, Inglaterra, Alemania, Bélgica y Holanda, tampoco atesora estudios y conocimientos del llamado continente subsahariano como los tienen países como Portugal, Suiza y Austria. Su contacto con ese continente fue muy limitado en el tiempo y en el espacio. Solo tuvo unos minúsculos territorios en el golfo de Guinea que abandonó también en 1968, otorgando la independencia de un país apenas colonizado. Se tendrá que esperar al Primer Congreso Cultural Hispano Africano, celebrado en Bata el 4 de junio de 1984, para que España, al igual que las demás potencias ex colonizadoras, pueda proceder a la creación de un órgano, un ente público, con capacidad específica y poder administrativo para pilotar los primeros esbozos, fórmulas en rodaje, que servirán de base y punto de partida para el diseño de una política de cooperación internacional y la creación de un instrumento adecuado para su realización. Así nace en los años ochenta la Agencia Española de Cooperación Internacional (AECI), antes, aparte del idilio franquista con Marruecos, sellado con la descomunal descolonización del Sahara occidental, Madrid carecía de una institución especializada en el manejo de herramientas y políticas de desarrollo en África. Antes, de cuando en cuando, aparecía un órgano afecto al ministerio de Asuntos Exteriores, habilitado para tratar asuntos diplomáticos con Países en Vías de Desarrollo (PEVD), cuyo contingente ya presentaba un peso específico en los grandes foros internacionales y muy particularmente en el sistema mundial de las Naciones Unidas.

De modo que la presencia súbita y significativa de subsaharianos en el espacio peninsular coge de sorpresa al ejecutivo español. Lo mismo sucede cuando Guinea y España reanudan relaciones de estrecha fraternidad y cofradía en 1979, tras el derrocamiento de Francisco Macías Nguema. El ejecutivo español de la Unión de Centro Democrático (UCD) de Adolfo Suárez improvisa una cooperación con la antigua colonia, carácter-izada por una precipitada inversión a fondo perdido. Las acciones más productivas de ayuda española en Guinea Ecuatorial se materializarán en el marco de la educación con la dotación de becas de estudios a estudiantes guineanos y también por la bien-aventurada acción de la Federación Española de Docentes Religiosos (FEDER), cuyos miembros van a Guinea en periodo estival a impartir cursos de verano. Las cosas siguen así hasta el Primer Congreso Hispano-Africano de 1984, celebrado en Bata, en Guinea Ecuatorial, cuando varios países de África negra aprobaron una Resolución del Congreso, solicitando asistencia a España y a países de Hispanoamérica para que la lengua y cultura hispánicas fueran difundidas en el continente africano *como corresponde a su importancia en el mundo*, según matizaba dicha resolución. Muchos de los países que firmaron ese vehemente llamamiento a *la madre patria guineana, España, y a sus hermanos de Latinoamérica* no lo hicieron por filantropía hispánica, sino por simple cálculo político, porque muchos de ellos como Camerún, Senegal y Costa de Marfil, principalmente, ya tenían emigrantes suyos en España. Desde entonces Madrid organiza su aparato de cooperación de cara a África con la creación de la Agencia Española de Cooperación Internacional para el Desarrollo (AECID) que actúa mediante varias instituciones y delegaciones regionales como la Casa África en Canarias y la Red de Centros Culturales Españoles (CCE).

Sin embargo, los primeros negros de África que llegan a España en la era contemporánea, poco después del golpe fascista de 1936, son guineanos de la colonia española. Son muy pocos en los primeros años, pero su presencia ya despertaba curiosidad natural en los autóctonos ibéricos por su negrina visibilidad. Eran estudiantes que venían a formarse en España como futuros cuadros de la administración guineana. Estaban de paso en la metrópoli y durante su estancia solo frecuentan círculos culturales de la élite española, centros de aprendizaje superior, escuelas y colegios universitarios; luego regresaban a Guinea. Pero todo cambia con la independencia de los países africanos en el decenio de los años sesenta. Guinea Ecuatorial obtiene su independencia en 1968. La accesión a la soberanía nacional de la excolonia española es un drama humano en el continente africano que provoca la ruptura con la antigua metrópoli. Se produce una cruda represión contra el personal cualificado que España había preparado durante el breve periodo de autonomía que precedió a la independencia.

Los estudiantes guineanos que todavía se encontraban en formación en España se quedan bloqueados en la Península y, en los años siguientes, durante el decenio de los setenta, llegan nuevos guineanos a España, ya no para estudiar, sino para pedir asilo y refugio, huyendo de la cruenta y sanguinaria represión ejercida por la naciente dictadura nguemista en Guinea Ecuatorial. Desde entonces y hasta hoy, en aras de la longevidad del régimen dictatorial en Guinea Ecuatorial, la comunidad guineoecuatoriana se ha asentado en lo que sigue considerando su metrópoli y ya forma una diáspora con miembros de la segunda y tercera generación que se destaca por su dinamismo en varios círculos culturales y también en medios de comunicación social. En España los guineanos se sienten en casa y actúan como si estuvieran en Guinea Ecuatorial. Son los que han acuñado un nuevo gentilicio, de afrodescendientes, producto de la nueva cultura europea del mestizaje y reconocimiento también de la aportación africana. Esos afrodescendientes también crean un nuevo mundo en España, lo que el mismo general Franco llamaba *la españolidad guineana* un mundo interactivo muy peculiar, hispano guineano, como el nombre del primer centro cultural creado por España en Guinea Ecuatorial, tras la caída del dictador sanguinario Macías Nguema: el Centro Cultural Hispano-Guineano de Malabo. Uno de los principales logros de esta institución ha sido la creación del Certamen Literario *12 de Octubre*, que con el tiempo ha llegado a ser una formidable herramienta de promoción y difusión de valores hispanos en Guinea y en África central. Este *españolismo guineano* también extiende voces guineanas en la misma España. Son notas musicales que salen de Guinea y llegan a España con nombres: las Hijas del Sol, Barón ya Buk Lu, Maestho Riboso, Buika y otros grupos de animación consagrados en la discoteca de moda, la famosa Makasi de Valencia. De todos esos artistas, Barón ya Buk lu es el que mejor representa y encarna el reencuentro cultural entre la excolonia guineana y su metrópoli europea, es el verdadero símbolo de la integración del mundo guineano en España. Ese mundo animado llena barrios y ciudades enteras: Móstoles, Torrejón, Parla, Valencia, Zaragoza, Hospitalet, Zumárraga, Errenteria, Almería y otros con asociaciones y centros culturales hispano-guineanos.

Pero tal no es el caso de las otras nacionalidades africanas inmigrantes en España: cameruneses, nigerianos, senegaleses, malienses, marfileños y otros. Estos, en su inmensa mayoría, son los que sufren el racismo cotidiano y banalizado en el espacio público español. Esta situación ha provocado la aparición de agrupaciones y asociaciones de lucha contra el racismo como SOS Racismo, pero también por la integración ciudadana como la asociación de Mujeres Africanas. Este fenómeno se ilustró de forma espectacular durante la Expo de Zaragoza de 2008, la comunidad aragonesa presentó cerca de veinte asociaciones de colectivos africanos agrupados por la región o país de origen: Angola, Cabo Verde, Guinea Conakri, Senegal, Camerún, República Democrática del Congo, Marruecos y otros muchos. En el País Vasco también existen colectivos que agrupan a miembros procedentes de países del África *subsahariana* como les tildan en España. Los más arraigados son los guineanos y muchos de ellos son de nacionalidad española. En Euskadi los negroafricanos, para sus gestiones administrativas y de asistencia, recurren a la Casa de Guinea, Guineaetxea en vasco, que sirve de portavoz y mediación al colectivo emigrante ante las autoridades y la administración vasca.

La *Asociación Asistencial Humanitaria Amigos de Guinea Ecuatorial ONG BATA* tiene su sede en el número 145-bajo del paseo de Mons, sito en el barrio de Intxaurrondo; el edificio que alberga la asociación se levanta frente a la plaza Mons, rebautizada por el Ayuntamiento como plaza de Guinea, signo y símbolo de reconocimiento y amor del pueblo vasco a los pueblos de Guinea. La plaza de Guinea del barrio de Intxaurondo en Donostia es el único lugar en España que lleva un recuerdo topográfico de la excolonia africana donde los españoles vivieron durante 200 largos años de colonización. Solo los vascos han guardado ese recuerdo imborrable como memoria de su tierra y la fraternidad con la población africana de Guinea Ecuatorial. Por eso cuando Lorenzo Bacale Andeme, antiguo guardia municipal, originario de Guinea Ecuatorial, asentado en el País Vasco y con gran arraigo en Donostia, decide fundar una asociación humanitaria en San Sebastián, muy pronto es secundado en su iniciativa por un colectivo vasco compuesto de amigos y antiguos colegas de la policía municipal, entre los que figura también un capitán de la Guardia Civil, cuyo padre estuvo destinado en la Guinea Española de los años cincuenta. En un principio, con esos refuerzos, la primera actividad de la ONG recién creada se orienta hacia la acción humanitaria de cooperación y ayuda a África y, es, naturalmente, Guinea Ecuatorial el primer país que se beneficia de este programa asistencial, que consiste en enviar material sanitario y medicamentos que hacían mucha falta en Guinea en aquellos duros momentos.

Esa asistencia de la ONG BATA a Guinea Ecuatorial tuvo muy buena aceptación por parte de la administración vasca, de la diputación foral y del Ayuntamiento de San Sebastián, que dotaron a la Guineaetxea de dos edificios suplementarios para albergar a enfermos que la asociación traía de Guinea, con la ayuda de la Cruz Roja Internacional, para recibir tratamiento médico adecuado en los centros hospitalarios de Euskadi. Se trataba de personas con patologías graves que la sanidad guineana no podía subsanar. Este programa asistencial funcionó durante unos años hasta que, como es habitual en Guinea, la mujer del Dictador, la *Primera Dama*, como la llaman en este sufrido país, empezó a enviar a sus propios parientes y familiares, suplantando a otros pacientes que sí necesitaban tratamiento urgente en España. Ante este escándalo se cortó toda asistencia humanitaria y cooperación con Guinea Ecuatorial y Guineaetxea concentró sus actividades sociales a favor de la población local y colectivo inmigrante de Euskadi. Un apartado especial es la atención al inmigrante subsahariano y su inserción en el País Vasco.

En este sentido la *Casa de Guinea*, en Intxaurrondo, se convierte en un centro de encuentro entre el inmigrante y el autóctono. Ese contacto cotidiano forja amistades y proyectos comunes solidarios. Las instalaciones de la asociación sirven de hogar y centro de recreación para la gente del barrio, a la vez que constituye una primera fase de integración muy importante para el inmigrante que llega. Para la gente del barrio e incluso del centro ciudad Guineaetxea es centro idóneo para la organización de encuentros, conferencias, charlas, fiestas, eventos socioculturales, matrimonios y bautismos. Los vecinos del barrio participan en todas las actividades. Las mujeres forman parte de la mayoría del público participante, tanto del personal voluntario como del beneficiario. Uno de los mejores alicientes y estimulantes, por cierto, es el reparto de comida. La asociación forma parte de los centros abastecidos por el banco de alimentos de la comunidad donostiarra. La asociación distribuye comida durante todo el año a razón de treinta familias por semana. Son vecinos del barrio con pocos medios, familias de inmigrantes que participan regularmente en las actividades. Dentro de esas actividades, uno de los objetivos es promover la mejora de las condiciones de vida de los inmigrantes que viven en San Sebastián, para ello se recogen informaciones afines al mundo de los inmigrantes. Diariamente se envía a los solicitantes hacia las instituciones habilitadas para atender sus necesidades. En este caso no solo vienen inmigrantes negro africanos, también magrebíes y latinoamericanos. Con frecuencia se dan casos de personas en situación extrema que se presentan de forma espontánea y ocasional para pedir auxilio y que necesita ayuda social, bonos comida, o, incluso, asistencia médica urgente, que reciben en la Cruz Roja y los servicio de urgencias del hospital de San Sebastián.

5

Este era el caso del paciente que se encontraba ingresado en el hospital aquella mañana. Había sido ingresado por mediación de nuestra gestión humanitaria una semana antes. Cuando llegué al centro hospitalario, antes de ver al ingresado, su médico de cabecera me presentó sin ambages la escueta situación del enfermo, vaticinando también un fatídico desenlace. Me incumbía a mí afrontar la situación. El enfermo no tenía ningún familiar cerca, todo recaía en la asociación, es decir, en los miembros de la Casa de Guinea de San Sebastián que yo representaba en aquel momento. No sabía cómo abordar *el tema*, como decimos en Guinea. El enfermo era uno de esos fang de la rama ntumu, de cabeza dura; porque no se amedrenta de nada y cuando llega a un lugar por primera vez aparenta conocerlo desde hace mucho; el hombre ntumu es orgulloso como un hijodalgo castellano del siglo XIX. Era un fang-ntumu oriundo de Ebebiyín, una rica región de Guinea y la más dinámica de la región continental, Río Muni. Yo tengo el privilegio de ser al mismo tiempo fang-ntumu por mi padre y fang-okac por mi madre. Así pertenezco al mismo tiempo a las dos grandes familias fang que viven en Guinea. Tenía que vérmelas con un puro producto del mundo ekang del norte. Los de Ebebiyín siempre van al grano, dicen lo que piensan, aunque a veces no hacen lo que dicen, por haber exagerado lo dicho. Su cultura es acorde con su actitud permanente.

Por el contrario, los fang del sur son filósofos, o más bien estoicos. Los okac nunca dicen lo que piensan, ni hacen lo que te dicen, te esquivan y se escabullen, pero siempre están presentes donde deben estar, son los de Bata-Sur, Mbini y Kogo principalmente; lo importante para ellos es evitar problemas y practican el pragmatismo existencial. Para captarlos hay que vigilar no sus actos, no los muestran, sino sus gestos, que multiplican al infinito. Contrario a los ntumu de Mikomeseng, los de Ebebiyín se hacen también llamar *los de Ovuar de Kie*, que es una deformación de la frase francesa *voir le Kie*. El Kie es el río que pasa por Ebebiyín y esta provincia hace frontera con Camerún y Gabón. Los de Ebebiyín siempre están ahí, al acecho prestos, presentes, al pie del cañón, aquí, ahora y siempre. El enfermo era un ntumu, venía de Ebebiyín. Se llamaba Ndong y, como era de esperar, tenía una fuerte personalidad y era muy dado a la polémica. Esa fue la impresión que tuve cuando le traté días antes de su hospitalización. Acababa de llegar de Guinea, nunca había estado en el exilio y, por lo que pude saber en la asociación, el joven se había trasladado a España no por enfermedad, sino para cumplir una delicada misión en Bilbao, donde fue en busca de familiares o descendientes de un militar español, de nombre Olaechea, quien, al parecer, dejó una verdadera leyenda en el bosque guineano de la selva fang.

De esa selva fang surgió un asunto muy peculiar con resonancias míticas y esotéricas, como suele ser el caso con ese tipo de relatos. Se rumoreó en Bilbao entre los guineanos que Ndong, el hombre que vino de Ebebiyín, se iba a medianoche al cementerio de la capital vizcaína para dialogar con el espíritu deambulante de un militar español, de nombre Basilio Olaechea Orruño, que estuvo en Guinea en la guarnición de Ebebiyín. Se decía de ese oficial vasco que había sido iniciado en uno de los ritos esotéricos de la selva fang, por el cual se le dio un tótem guardián que le protegería durante toda su vida en tanto que estaba en Guinea y en tierra africana. Olaechea regresó a España dos años antes de la independencia guineana, en 1966. Obtuvo su jubilación del cuerpo castrense y murió años después. El problema fue que Olaechea, al salir de Guinea, se llevó el tótem que le dieron durante su iniciación. El tótem no debía salir de tierras guineanas ni más allá de tierras africanas. En Ebebiyín, el jefe tradicional de Nsoamanga, de la tribu Nsomo, soñó una noche con un elefante que vino a exigirle la devolución del tótem que dieron al blanco del ejército español, pues se trataba de su propio colmillo. El blanco se había llevado el tótem de marfil a su tierra y los espíritus de la selva se habían puesto furiosos en el bosque. El jefe de

Nsoamanga tomó en serio su sueño, cuanto más que en la mitología fang el elefante sirve de mensajero y mediador entre los muertos y los vivos, entre los ancestros y los contemporáneos. A ese factor esotérico y mítico se sumaba un elemento real mucho más racional, que es el antagonismo y mal entendimiento crónico entre los miembros integrantes de la diáspora negra dispersa en el mundo y el resto de la comunidad que se ha quedado en el seno del continente, en África, pues se reprocha a los integrantes de la diáspora negro-africana en Occidente de vivir bien en el país de los blancos y no hacer nada por la comunidad que se ha quedado en la miseria en el continente negro.

Todo ese contexto y cargado contencioso era el que se enfrentaba a mí en mi encuentro con el hombre que iba a morir, también portador de una reivindicación de ultratumba. En esa entrevista cara a cara yo tenía que encontrar palabras para hablarle, tenía que mirarle a los ojos para probarle mi sinceridad, encontrar buenos argumentos que corroboraran mi honestidad. Es más, tenía que renegar de mi condición de miembro de la diáspora guineana en España. Al dirigirme hacia la cama del enfermo, me invadió una rara sensación, como un presagio. Yo tenía la impresión de entrar en un tribunal, en un juicio de la historia. Me sentía como prisionero de mi destino, como condenado por mi propia humanidad negra. No sé si todos los demás negros del mundo también han sentido alguna vez esa rara sensación de total inocencia culpable. Te sientes culpable porque eres inocente. El negro siempre es inocente porque siempre es víctima. En la iglesia, cuando los cristianos piden perdón porque han pecado es normal, llevan el pecado original en su credo y desde su nacimiento. Pero el negro africano no, el negro nace puro y alegre, tiene su vida llena de gozo y por eso baila y canta toda su vida hasta reunirse con sus ancestros a su muerte. Aquí no hay pasión ni muerte ni sentimiento trágico de la vida. Para el negro africano bantú el pecado no existe, porque nunca lo vive ni experimenta dicha sensación.

Lo trágico para el negro africano es el juicio permanente. En un juicio al que comparece, aun inocente, siempre pesa sobre él la presunción de culpabilidad, porque el simple hecho de ser juzgado ya constituye un factor agravante. Aquella mañana el encuentro con el hombre que vino de mis tierras, de Guinea, me resultaba embarazoso. Para aliviar mis penas yo tenía que aceptar las suyas, recitar su credo, creer en aquella historia surrealista de un jefe tradicional de la tribu Nsomo, la mía, del gran pueblo de Nsoamanga de Ebebiyín, donde uno de mis propios tíos, el jefe de nuestra tribu había pasado toda una noche en viva discusión con un elefante furioso salido en una noche de ensueño y que reclamaba su colmillo a un blanco muerto en España y enterrado en el cementerio de Bilbao. Esta situación me recordaba mi infancia católica en

Guinea, el cura del que todos sabíamos que se cepillaba a la mayoría de las mujeres casadas que acudían a la adoración nocturna en la catedral de Bata, nos esperaba por la mañana, devotamente instalado en su confesionario, y, con cara de Dios, nos ordenaba expresar nuestro arrepentimiento profundo por haber pecado contra Cristo. No. Yo ya no iba a arrodillarme nunca más ante nadie; ni ante Dios ni ante ningún elefante totémico. Con ese espíritu decidido fui al encuentro de mi compatriota que me esperaba en su lecho de muerte.

6

Muy pocos pueden saber lo que pudo haber pasado en la mente de uno de los más ilustres prodigios de la música clásica, Wolfgang Amadeus Mozart, cuando bautiza una de sus mejores obras con un nombre poco común en el arte germano, un adjetivo casi antinómico y bestial para la memoria colectiva germano-austriaca: *la Marcha Turca*. Un título desconcertante y desafiante, en tanto que el subconsciente freudiano de los austriacos designa lo turco como una amenaza, una agresión, es decir, lo más desagradable. El enemigo es el turco por evidentes razones históricas. Por esas mismas razones históricas lo turco suena a lo cutre y es parte latente del historial del imperio austrohúngaro y su cantar de gesta. Al parecer, para Mozart su himno sublime estaba dedicado no al pueblo turco sino a la gloria y marcha del ejército de su pueblo, Austria, sobre Turquía. Pero al mismo tiempo, otros, ajenos y profanos de la saga del imperio otomano, pueden interpretar que la oda del notable compositor rinde homenaje supremo a la nación que llevaba el baluarte del imperio otomano, Turquía. La historia de las grandes civilizaciones y de imperios se asemeja a la ley de la jungla. Porque algo parecido ocurre en la selva tropical entre el hombre fang y el elefante. Entre los dos hay un respeto mutuo, una ley tácita de convivencia y enemistad, un enfrentamiento permanente de toma y dale, no exenta de momentos tiernos de amor y odio, de dolor y pasión, de simple y cruda realidad terrenal, así como de mito bucólico. El fang es aquel pastor de la selva que tiene como rebaño una jauría de paquidermos despistados. El elefante es el verdadero rey de la selva, es la máxima expresión del poderío del reino animal ecuatorial.

El elefante es capaz de devorar vastos espacios y tumbar árboles gigantes en tan solo dos bocados. Ninguna otra fiera resiste ni discute el poderío que inspira la enorme masa soberbia del pesado paquidermo. En el bosque fang existe un solo predador para el elefante: el hombre ekang. Entre los dos existen lazos inalienables que se han entrelazado durante siglos andando el tiempo y a lo largo de la selva. Lazos unidos y reforzados por el entorno circundante; la naturaleza siempre presente, la maleza profunda y salvaje, la fauna y la flora exuberantes, la sinuosa complicidad del curso de las aguas, el silencio misterioso del bosque, la madre tierra, sagrada y compartida y, por fin, los sentimientos y sentidos extrasensoriales del uno y del otro, que les confinan, a ambos, en un páramo virtual de comunicación, en tiempo real, que les permite una convivencia equitativa en el reparto del hogar silvestre. El hombre fang no caza ni mata a un elefante por azar ni por simple casualidad. Todo está calculado y premeditado. El animal cazado que cae al suelo viene destinado a la muerte a manos de su eterno compañero humano, cumpliendo el designio trazado por mandato de los espíritus que pueblan la tierra. Porque la carne de elefante, su gloriosa trompa, sus dientes de marfil y la masa de su cuerpo, todo ello es dádiva suprema que los ancestros en el mundo de los muertos han enviado a sus parientes vivos para comer con su yuca cotidiana. La caza del elefante empieza con la señal dada por el propio animal al género humano. Al aproximarse a las plantaciones de un poblado, el rebaño de elefantes se separa de uno de sus miembros y lo ofrece al pueblo fang del lugar donde ha devorado plátanos y bananas.

Un cazador fang nunca tira contra el rebaño, espera el paso del paquidermo solitario que le han ofrecido los espíritus de la selva. Está prohibida la caza de elefante un día de lluvia y sol cuando sale el arco iris, porque es su tiempo específico de reproducción, su día de alumbramiento y su tiempo de maternidad. Está prohibido comer la carne del elefante que cae sobre su costado izquierdo al morir, eso se evita en lo posible. Significa que el espíritu poseedor del gran mamífero niega dar su carne, porque su cuerpo fue alcanzado por equivocación. Este elefante regresa entero al mundo de los muertos para otra vez volver de nuevo al mundo de los vivos. La carne del elefante cazado debe distribuirse por toda la comarca, a todos los moradores de la selva y pueblos del entorno. Nadie, ningún vecino del contorno debe quedar sin su dieta ancestral de carne de elefante. Este es el contrato social y existencial entre el fang ekang y el rey de la selva tropical ecuatorial.

La selva es la segunda morada del hombre fang, su residencia mítica y mitológica. Como en toda mansión de esas dimensiones siempre aparecen coordenadas fuera de toda normativa que se deben respetar; son tradiciones, usos y costumbres, reglas que se deben guardar a rajatabla para la buena armonía de la colectividad, la marcha del pueblo y el caminar de la tribu en la senda de su naturaleza. El elefante es un animal tótem y un elemento imprescindible del universo fang. Elefante en fang se dice nsok o nsuak. La toponimia fang rinde particular homenaje a este paquidermo que deja su nombre en el relieve geográfico, dándolo a diferentes pueblos y lugares: Nsok, Nzoktele, Asusok, Anusok, Añísok, que significa puerta o entrada de elefante; Ebansok: lugar de reparto de elefante; Elesok: árbol de elefante; Sokatele: el elefante de pie; Abumsok: finca de elefante... La caída de un elefante durante la caza es todo un acontecimiento que se celebra durante días en la selva fang, junto a todos sus moradores. Este es el código tácito de los habitantes del bosque tropical.

Esta es la tradición inmemorial practicada en la selva fang, de clan a clan, de tribu a tribu y de pueblo en pueblo hasta Ebebiyín. En el pueblo de Nsoamanga Nzomo, cuando había hambre en el poblado, alertado en la selva, un grupo de elefante pasaba por las inmediaciones, se invitaba a comer plátanos en las plantaciones del poblado hambriento y, en contrapartida, dejaba a su paso un paquidermo solitario y despistado para ser cazado más tarde por los hombres de la comarca. De modo que en Nsoamanga, (en español: mar de elefante) esa práctica se había convertido en ofrenda ritual mensual. Al pasar el tiempo se observó una evolución de esa tradición, en lugar del rebaño en pleno deambulando en la selva y devorando plátanos en el bosque, aparecían solo dos elefantes, uno de mediana edad y tamaño, que venía empujando a otro de mayor volumen y de buenas carnes; el primero dejaba al segundo en las plantaciones para ser cazado por los hombres del poblado. Era un acuerdo tácito entre los hombres de Nsoamanga y el rebaño que cubría su bosque, de forma que los pobladores de la comarca y del poblado de Nsoamanga adoptaron también al elefante que les traía la pieza de cacería. Le llamaron Ndong, nombre fang que puede traducirse por roca, dureza u objeto macizo.

El rebaño de elefantes que pasaba por tierras del poblado Nzomo de Nsoamanga procedía de los inmensos bosques de aquellos parajes e iban conducidos por su jefe tótem, llamado Ndong, que era el guía de la manada. Los elefantes de Ebebiyín iban siempre de gira, vivían en eterna migración, en su campaña electoral de la selva, recorriendo extensos territorios del país fang, entre Guinea y los dos países vecinos hermanos, Camerún y Gabón. El territorio ekang era su condominio. El elefante es un actor mayor en la selva africana, domestica la jungla, configura su espacio, traza sus sendas, identifica los ríos, designa sus fuentes, se lava en sus bañeros, nutre la tierra que pisa con sus ricos excrementos, acaricia con su trompa las flores que adornan su jardín tropical y pinta con amor el paisaje multicolor que atraviesa en su larga marcha hacia la selva. Su bosque está poblado por mil especies del mundo vegetal que su memoria retiene por enumeración alfabética, empezando por la primera letra del abecedario: Adjom, Alen, Atom, Angon, Anguma, Abang, Adjab, Atud, Anvut, Aseng, Asas y aquí sería interminable pasar a las otras letras. El elefante en la selva crea su propio ecosistema, delimita su territorio y se apropia de los poblados comprendidos en su mundo. Los dominios del rebaño de Nsoamanga, que en fang significa mar de elefante, correspondían a los bosques que parten de la zona de Ebebiyín en Guinea, cubren la zona norte de Weule Ntem, Oyem y Bitam, en Gabón, y se extienden por el sur de Camerún, entre Ambam y Kribi, pasando por Eseka, regresando otra vez a la zona guineana, pasando por el Campo, Ncombia, praderas de Utonde, y de vuelta por Ayamiken, Ntemosi, Ebansok y de nuevo a Ebebiyín. Un ciclo migratorio vital. Un vitalismo de la selva, inherente, permanente, latente, donde solo la hembra, sin macho, es la única diosa. La única designada Madre, depositaria del secreto de la vida que se gesta en su seno como el tótem de la tribu. Esa era la peregrinación que les hacía recorrer kilómetros y kilómetros, para su nutrición y procreación, en las grandes zonas agrícolas del pueblo de la selva fang.

7

Los elefantes en Ebebiyín devoraban plátanos; en Oyem comían bananas y yuca; en Biyendem se saciaban de la saludable fuente que brotaba en el lugar donde nace el río Weule en Gabón; en Bitam se contentaban con la jugosa maleza de la tupida selva que se extendía a sus pies hacia Camerún; en Ebolowa hacían estragos en los cacaotales de los Bulus; desde ahí llegaban hasta los bosques del litoral, en la costa de Kribi, a tumbar palmeras y a comer cocos, antes de ir a la gran concentración estival anual y tomar su baño bajo las cataratas del Yengüe. Allí celebraban su reencuentro con otras familias de paquidermos. Llegaban a esa cita varias delegaciones de paquidermos del sur, unos llegaban por tierra, otros por vía marítima. Siempre había dos parejas de elefantes liderados por una hembra matriarcal, que nunca faltaban a esa peregrinación anual y representaban a los rebaños que pastaban en los llanos del río Uoro y recorrían los inmensos bosques de Evinayong hasta Acurenam. Llegaban a Nsork y se dirigían a la frontera gabonesa por la selva de Medunu. En esos encuentros nunca faltaban tampoco los elefantes del mar, los hipopótamos de Guinea, que salían del río Utamboni, pasaban por Kogo y llegaban a la mar atravesando el Estuario del Muni y así, de costa a costa, de playa en playa, llegaban a Río Campo hasta bañar las cataratas de Yendje, al encuentro con sus hermanos de la selva del Norte; no sin antes practicar un verdadero turismo del litoral riomunense, visitando Calatrava, Cabo San Juan, Etembue, Nume, Punta Llende, Sípolo, Mbini, Bolondo, Cabo dos Puntas, Punta Ngabe, Ikucu, Utonde, Río Nvía, Punta Mbonda, Punta Cuche; saludando también a las poblaciones de esos parajes: Bapunus, Bisios, Bengas, Bapukus, Combes, Ones, Buikos, Yasas, Basekes… hasta sumergirse en la selva del Campo, no lejos de los bosques de Kribi. Ese crisol de etnias alineadas en un punto de encuentro, entre tierra y mar, en la playa del litoral riomunense, era el mito materializado de un mundo de ritos y leyendas. El mundo de Ikumembongo, el país ndowé, el territorio ancestral, *el Ikumembongo ja Mboka ja Embida,* modelado por sus cuatro ramas creadoras: Benga, Bakota, Duwala y Mpongue. Esta es la esencia del universo ndowé, creador de las costas guineanas y generador de sus principales ciudades: Bata, Mbini y Kogo: miradores y guardianes del espacio marítino guineano, adonde todo llega y de donde todo sale, saludado y bendecido por los dioses ancestrales ndowés. Porque se trata aquí de la verdadera realidad guineana y de su existencia: el Mboka. La ciudad de Bata se funda en el espacio natural de pueblos ndowés de Dubuandolo, Mabenga y Bumudi. La ciudad de Mbini está en pleno territorio de los Combes de Bolondo y de Mibala, a ambos lados de la desembocadura del Río Benito. Kogo es un embarcadero de los Bengas que transitan entre la isla de Corisco y la zona continental. Esa es la historia guineana contada de costa a costa.

Yendje era el encuentro solemne entre el mundo de la costa y de la selva. El concierto de la noche oscura. El grito de la naturaleza desnuda. El diálogo eterno entre los ancestros. Un mundo animal de muerte y renacimiento, cuando todos agrupados, inmovilizando la trompa y bajando el morro, escuchan el mensaje profundo de la tierra. Todos también respondiendo con gutural sonido al grito apagado de la noche solemne. Con su ritual mítico, la jungla negra se transformaba en noche iluminada, espacio sideral y abismal de un tiempo infinitesimal, dejando entrever, en su pureza diáfana, el fundamento de su existencia como establo silvestre, retablo de rebaños, helecho de amores, nido de copulación y cuna de procreación. Esa era la realidad de Ndong, su odisea, su peregrinación periódica, la razón de su andadura y la lógica de su vida. Ndong era el tótem, el paquidermo de un mundo, el elefante de toda una región, con un nombre salido de la leyenda fang de Ebebiyín. Símbolo de toda una cultura, Ndong era la civilización de la selva, donde el hombre y el animal celebraban su reencuentro en la densa y tensa armonía que ofrece la belleza, obra de la naturaleza. La entronización entre el poder y la potencia, el peso y la masa, el genio y la magia, la inteligencia y la fuerza. Esa arquitectura equilibrada, un mundo bien aparte, fue violada y agredida, salvajemente destruida por los colonos cazadores durante la larga fiesta del reparto de África. Se construyó entonces un gran edificio en la selva: la desmaterialización de la visión humana de la maleza. Pero para Ndong, el elefante de la selva, el animal de Ebebiyín, cada gira con su rebaño en el bosque era un viaje de renacimiento hacia un nuevo horizonte, donde se creaba una nueva generación y la naturaleza se renovaba. El poblado de Nsuamanga Nzomo obtenía siempre su dádiva anual, que le llegaba puntualmente traída por el hechizo del elefante, desde el mundo de los muertos hasta el mundo de los vivos: un mundo natural, fértil y vivo. Un mundo siempre alegre, virgen, puro, sagrado, sin profeta ni redentor, porque siempre santo y libre. Un mundo que recibía todas las mañanas, en su esplendorosa maleza, el caluroso saludo del astro solar al comenzar el cotidiano concierto de los mil sonidos que salen del bosque ecuatorial. Ndong, el elefante de Ebebiyín, era la pieza clave de esa armonía natural, el tótem del ente de la selva y de su naturaleza salvaje.

En aquellas comarcas y caminatas, Ndong, el elefante tótem del rebaño, era el mensajero que llevaba noticias de la jungla a todos los grandes poblados de la etnia Ekang, dede Ebebiyín hasta Ambam, desde Ambam hasta Mabarmoyo, desde Mbarmoyo hasta Enonguea, desde Enonguea hasta

Ebolowa, desde Ebolowa hasta Bitam, desde Bitam hasta Oyem, desde Oyem hasta Mimvulu, desde Minvulu hasta Akurenam, desde Akurenam hasta Nsorc, desde Nsorc hasta Añísok y desde Añísok otra vez hasta Ebebiyín. En esta larga peregrinación, Ndong el elefantetótem, el paquidermo mensajero anunciaba su tam tam a todas las tribus que pueblan la selva fang: a los de la tribu *Abeiñ* les enseñaba el parto *abeiñ*; a los *Angog* les daba la calabaza *guan*; a los *Anvom* les enseñaba la benevolencia; a los *Atamkek* les daba el palo para romper *nguan*; a los *Asogbe* les llevaba a ver las cataratas; a los *Aveiñ* les acompañaba a los baños; con los de *Becueiñ* iba en busca de caracoles *kueiñ*; con los *Bibank* jugaba a la comba, el *mbang*; con los *Ebaa* iba al *abaa*, la casa de la palabra; con los *Efac* iba a abrir hoyos; con los *Esabang* iba a pescar el *abang*; con los *Esaveiñ* iba de caza del animalito *nveiñ*; con los *Esaboang* iba en busca de *vio*; con los *Esaboc* bailaba la danza de *aboc*; con los *Esaboman* curaba el *mboman* (la tos); con los *Esacora* iba en busca de sus primos *Osún*; con los *Esacunan* capturaba el pájaro *kuna*; en la aldea de los E*safuman* llegaba tarde, *afuman*; con los *Esagueng* hacia limpieza, *ngueeng*; en *Esaguong* se iba al pueblo de *Moguom* (resucitar) porque son numerosos; con los *Esaman* terminaba la jornada, *aman*; en la aldea *Esambé* iba a partir el arbol *mbé*; en *Esabecang* iba de visita al pueblo de los *ekang*; en *Esambira* salía corriendo, *mbi*; en *Esamecoas* iba a pescar el pescado *coas*; en *Esamengón* fanfarroneaba, *mengona*; con los de *Esametua* era la solidaridad; con los *Esadón* tenía mucho cuidadado de comer *dóng* (estimulante); en *Esangui iba* a la caza de *ngui* (gorila); en *Esantua* se relajaba con esa tribu santa; con los de *Esanveiñ* iba también a la caza de *nveiñ*; en el pueblo de *Esanvin* cazaba el *nvin*, un animal noble de la selva fang; con los *Esanvus* no se le ocurría equivocarse, *avus*.

En Essasing se iba al río con una redecilla a pescar *sing* (langostinos); en el pueblo de los *Essasom* cultivaba *nsom* (verduras); con los de *Esatop* le tocaba siempre elegir *atop*; en el pueblo de *Esatup* comía la fruta *atud*; en *Esayega* se quedaba largo tiempo sentado, *ayegue*; en Esecuya descansaba y esperaba, *aseng*; en *Esendeng* plantaba *endeng*, planta suculenta; en *Eseng* cortaba el árbol llamado *aseng*; en *Esesimi* iba en busca de su amigo Esimi; en *Esisis* buscaba la vena del brazo, *nsis*; en *Evusos* buscaba la falsa senda del elefante, *evus nsoc*; en el pueblo de los *Foon* también había algo de *dóng* estimulante; con los *Mbon* se llevaba siempre un *mbom*, novia; en la tribu *Meban* se iba al río a coger un *eban*, tronco para bloquear agua; en *Meboman* le contagiaban la tos, *mboman*; en la tribu *Mecora* construía chozas con hojas del mismo nombre; con los *Ncodjeiñ* se rascaba la uña, *djeiñ* ; en el pueblo de los *Ndong* se iba con su tocayo; con los *Ngama* se llevaba bien, sabían dar *ngap*; en el pueblo de los *Ngüeñ* se fabricaba cestas, *ncueiñ*; en la tribu *Nguein* iba a por el lobo, *nsueñ*; con los *Nsomo* comía la dura verdura *nzomo*; en el pueblo

Ntú iba al meollo, *ntú*; en la tribu *Nvele* comía pescado ahumado, *benvele*; en la tribu *Obecuiñ* cazaba ratas de bosque, *cuiñ*; con los *Obegue* se lo cargaba todo, *abegue*; en el pueblo *Obuc* rompía todo, *abuc*; en los *Ocan* atravesaba un trecho en el bosque, *ocang*; en el pueblo de los *Odjap* descansaba a la sombra del *adjab*; con los *Odjip* se iba a la caza de ese animal rudo, el *djip*; en la tribu O*keng* le daban un cuchillo, *okeng*; en la tribu *Okas* le estaba prohibido comer gallina; con los *Ola* iba a cazar *olaabe*, una fiera feroz; con los de la tribu *Olong* se hacía de todo, se podía silbar *along* o construir *along*; con los de *Onvang* le tatuaban *nvang*; en *Osanveiñ* se cazaba de nuevo el animalito *nveiñ*; con los de *Oselengom* se tocaba el tambor *ngom*; en el pueblo *Osumu* se buscaba a sus primos de *Esacora*; con los *Oyec* se esquivaba, *ayec*; en la tribu *Abadjomo* entraba en la casa de la palabra, *abaa*; y probaba del envuelto de comida *djomo*; en la tribu *Yebecoan* comía mucho plátano, *ecuan*; con los Y*ebenveiñ* se iba otra vez a la caza de *nveiñ*; en la tribu *Yefa* le tocaba también abrir *hoyoy afac*; con los *Yekpwo* cazaba perdices, *opwa*; en el poblado Yembi abría agujeros en el suelo, *mbii*; con los *Yembiang* hacía medicina, *biang*; en la tribu Y*emendjim* daba agua, *mendjim*; con los Y*emensomo* le daban otra vez la dura verdura, *nzomo*; en *Yenvam* le trataban muy bien, *nvam*; en la tribu Yengüiñ le daban de comer cerdo, *ngüiñ*; con los de *Yenfem* había cierto roce, *afem*; en la tribu *Yenkeng* nunca perdía su cordura, *ken*; y, por último, con los de *Yeveiñ* salía otra vez a cazar el dichoso animalito *nveiñ*, ardilla.

8

Hombre animal, herencia y heredero, mensaje y mensajero, alma de la selva y portavoz del mundo ancestral. Antes de todo Ndong lo fue todo. El tótem. Ndong era lo que ya no era, había llegado a ser lo que nunca fue. Era pues esa cosa puesta en el lecho, salido de la nada, borrosa figura de la sombra de un mito, un nombre de Ebebiyín, de la tierra del tótem del elefante. Aquella mañana era un hombre de la selva, desnudo, disminuido, agotado, enfermo y reducido el que se encontraba ahí inerte, en una cama de hospital, a miles de kilómetros de su tierra. El terror que me habitaba minutos antes de enfrentarme con mi compatriota, enviado por los ancestros, desapareció dando paso a un sentimiento de piedad por aquel ser humano que se iba, pero esa sensación solo fue pasajera y se convirtió en un sentimiento de pavor de mí mismo. Yo debía hablarle, sobre todo escucharle, hablarme a mí mismo, porque yo era, como después me dijo, su fiel reflejo, en negativo. La bestia que salió de su bosque y que hacía tiempo estaba en la jaula, un espacio dorado, recibiendo los mil latigazos de su domador. En el hospital, como en la selva, el encuentro con el hombreo fue bestial, visual, de cara a cara, como decimos en Guinea. La sala fría y pulcra del centro hospitalario donostiarra se había convertido de repente en circo de gladiadores donde aullaban dos leones en la arena. No hicieron falta gritos, no se alzaron voces ni palabras efusivas. No hacía falta abrir la boca ni humedecer el paladar ni mover la lengua; las palabras salían de nuestras mentes y se leían en nuestros ojos. El mutismo de nuestras miradas expresaba la sorda violencia del combate entablado entre los dos. Con su mirada me dio a entender que ya me conocía, sabía quién era yo. Como yo también sabía quién era él. La verdad es que todos los guineanos nos conocemos. Y, claro, él ya me conocía desde Guinea y mi persona no era de su agrado, porque era su mala compañía. Y yo, lejos de amilanarme, no me dejé atrapar ni perderme en aquel oscuro matorral ecuatorial que se presentaba de repente ante mí, brotado de la selva salvaje de la remota África, salido de un mundo oscuro, como de un pozo sin fondo. Un mundo inédito de abrasador ambiente que me era terriblemente familiar. Yo sentía subir en mí la animalidad bestial de mi humanidad. Mi propio pasado. Del pasado pasé al presente, inmediatamente a la ofensiva, surgiendo de la maleza como una fiera.

—*Sí, querido, somos quizás gemelos, idénticos, pero yo soy yo y tú eres tú*— se lo dije a la guineana, sólo con la mirada, sin pronunciar palabra —*soy como tú, guineano, y vivo en estas tierras de los blancos hace varios lustros, muchos años y estoy aquí, cumpliendo con mi deber; tu estado es muy grave, tu médico vino a vernos en la Asociación.*

—*Sí, sí, ya lo veo*— me lo dijo desde sus adentros mirándome fijamente —*aquí eres un renegado de tu tierra, uno de esos muchos desterrados que pululan por toda Europa.*

Yo capté su pensamiento y con la misma mirada cruda le respondí también cruel y mentalmente.

—*Sí, tú también ya estás aquí, me has seguido, ¿verdad? Has venido tras mis huellas, pisando la misma senda del exilio que yo.*

—*Te equivocas, no te he seguido, yo he venido para buscar mi tótem, ajustar cuentas y rendir homenaje a los que lo merecen. A los hombres que vivieron antes de la independencia guineana. A aquel hombre que fue mejor que tú, mejor que todos los guineanos de hoy, un vasco, un militar, un español, un colonialista franquista que fue mejor que todos los guineanos juntos después de la independencia.*

—*Nunca llegó la independencia para el hombre guineano...*— quise decirle prosiguiendo aquel extraño diálogo mental instaurado entre los dos, pero él se adelantó mi pensamiento.

—*Claro que no hubo independencia en Guinea. Fue un asalto de convoy. Obra de un gran ladrón, Macías Nguema, secundado por su sobrino, Obiang Nguema y, claro nosotros, los fang, je je je, los fang de Guinea, somos nosotros mismos los fundadores de la dinastía Nguemista, una larga dictadura, con torturas, miseria y exilio. Una situación inhumana impuesta injustamente a otras tribus de Guinea, atrapadas en la sanguinaria red mayoritaria de los fang. Mírame, ves lo que he llegado a ser, una cosa horrible, así nos ven las demás etnias minoritarias de Guinea. Los Ndowes, quieren salir de Guinea, dejar de ser nuestros vecinos, los bubis quieren su separación desde un principio y los annoboneses están cansados de sufrir junto a los fang.*

Después de la tirada, guardó silencio un momento y prosiguió, —*pero yo no he venido a hablar del fracaso del Estado Bastardo de Guinea ni a vivir aquí como tú, yo no me he escapado de mi tierra, sabes, porque en Guinea vive el pueblo, son mujeres, madres de familia que ayudan a sus hijos, animan a sus maridos a seguir resistiendo para continuar luchando día a día, combatiendo contra ese régimen maléfico que imponen en Guinea los hombres de Mongomo. Sabes, durante la lucha por la independencia guineana no hubo ningún líder de Mongomo, ningún mártir que cayera ante el colonialismo español. Enrique Nvó Okenve no era de Mongomo. Acacio Mañé no era de Mongomo. Salvador Ndong Ekang no era de Mongomo. El Rey Uganda no era de Mongomo. Pero hoy, en Guinea, son los de Mongomo los que se han apoderado de la historia, pillan nuestras riquezas, violan nuestras mujeres, se llevan a nuestras hermanas y se apoderan de nuestras hijas. Y así vivimos, los guineanos que no somos de Mongomo, un gran calvario, día a día, de semana a semana, meses enteros, año tras año y así pasa el tiempo de nuestra lucha contra la opresión, contra los Mongomo, contra el sistema Nguemista, contra la dictadura que el franquismo español propició en Guinea en 1968, con la mal llamada Independencia de Guinea Ecuatorial. Fue un 12 de octubre, el día en que Cristóbal Colón descubrió las Américas, un día que luego fue fatídico para las poblaciones amerindias y también para los pueblos de Guinea Ecuatorial.*

Yo le seguía mirando estupefacto, entre nuestros ojos se había entablado una dura batalla como de dos leones en la selva, cada uno escrutando a su adversario, mi corazón latía y palpitaba con fuerza, mi instinto animal forjado por varias peripecias sufridas en la selva de la independencia guineana estaba en máxima alerta.

Guardé mi calma porque a mi mente llegaba sin sonoridad el mensaje de su pensamiento. Netamente. Era algo extraño, yo escuchaba con candor el clamor reivindicativo de su discurso. Se paró un momento, dejó de emitir su pensamiento, guardando silencio. Mi cerebro conectado al suyo también se paró, mi mente estaba vacía. Ante mi silencio mi interlocutor continuó su tirada.

—Llegué de Malabo hace días, ya no sé cuándo, ya lo ves, aquí me tienes, te han dicho que

voy a morir, pero tengo cumplida mi misión, he venido a denunciar una grave situación, la tuya y la mía. La gran enfermedad que todos padecemos en la mente y en el cuerpo: Guinea Ecuatorial. Más de medio siglo de cautiverio. Largos años de asesinatos, medio siglo de torturas, medio siglo de ladrones y asesinos en el poder. Hace tiempo que estoy muerto. Me condenaron el día en que en mi pueblo Nsuamanga Nzomo me recomendaron venir a recuperar nuestro tótem y salí de Ebebiyín hasta Bilbao. Por eso muero hoy aquí en el exilio.

Tras pronunciar esas fatídicas palabras expiró. Durante un breve instante tuve la sensación segura de salir de su cuerpo junto al mío en su último suspiro y alojarme en las profundidades de mis propios pensamientos. Hoy ayer y mañana. Era como una retrospectiva de sus últimos días. Él ya sabía que iba a morir. Iba a ser dentro de poco, era cuestión de tiempo, pero también de espacio; podía ser en su pueblo, en Guinea, en las tierras de Ebebiyín, en Bilbao, en el País Vasco. Los espíritus ancestrales todavía le daban vueltas al asunto: hoy un respiro, mañana un suspiro. Aún tenía una pequeña parcela de vida ambulante; a veces en tierra firme, otras en la mar fluida, en el no-espacio que los fang designan por *nyem*, es decir, fuera del universo. Y así fue su última dimensión: unos meses aquí, otras semanas allá, algunos días acá, otras noches acullá. En total tenía los días contados en su espacio temporal, ya estrecho y maltrecho. Sólo por cumplir su misión, rescatar el tótem de Ebebiyín, el colmillo de un elefante perdido y desaparecido en la jungla guineana. Por eso salió de sus tierras. Una porción de tierra que se marchitaba invadida por un espacio vacío, cancelado y precintado. Era su tumba. El problema, el suyo, era que cuando nació le dijeron que era un fang, un ekang, de la etnia de la letra, de la tribu del símbolo, del clan del verbo. Él lo asumió y así declinaba su identidad, no sin agresividad porque los tiempos habían cambiado. Su identidad ya era un problema humano, esencial y existencial. En la realidad ya no vivía, pero seguía existiendo.

Hacía treinta años que había nacido en un poblado de la tribu Angok, distrito de Ebebiyín, su madre era de la tribu Nzomo, los inevitables, del poblado de Nsok Nzomo, normal, también del distrito de Ebebiyín, lógico. Pero su familia emigró para juntarse con el resto de su clan que se estableció cerca de Alén, siempre en el distrito de Ebebiyín, en el lugar donde un oficial español, el capitán Olaechea, fundó una academia militar. Eran los años cincuenta, cuando aquel militar, administrador colonial, transformó aquella comarca que atraviesa el río Kíe en un centro de gravitación socio-económica, con la construcción de un cuartel militar, dotado de un centro de abastecimiento de productos de primera necesidad, dos factorías de comercio, un dispensario, una escuela rural y una iglesia. A partir de entonces el poblado de Alen pasó a llamarse Alen Ntagan, es decir, Alen-del-hombre-blanco. Los mayores del pueblo decían que aquel blanco no venía de España, sino de los ancestros, su alma era africana y por eso fue destinado a Ebebiyín para reconstruir su pueblo que dejó en su primera vida. Se decía en la selva fang que aquel militar, vasco de nacimiento, ya había vivido en aquella misma zona en su vida anterior. Antes ya había sido un fang. Había sido pescador del río Kie y gran cazador de sus riberas, antes de volver a nacer. Se afirmaba que don Basilio Olaechea Orruño, comandantes del ejército colonial español en Guinea, era un bantú renacido de Akonangui, un ekang de Acamayong. Puro producto del pueblo de la oralidad literaria. Por eso nació su mito. La leyenda del comandante Olaechea.

9

Fue en Ebebiyín donde Olaechea, el militar colono y vasco español, tuvo la gran revelación de su vida, su conversión de Damás; cuando un trovador del Nvet (cítara tradicional) le reveló que el verdadero nombre de los fang es Ekang (el pueblo de la letra, de la palabra y del verbo) porque, según el juglar de la selva, fang es toda una cultura que lo engloba todo. El Universo Ekang. Ante el gesto indiferente del blanco, el trovador negro le tendió un viejo mapa de tiempos remotos. La cartografía llevaba sello germánico. Era un mapa diseñado por los alemanes poco antes del reparto de África (1884-1885), que situaba el País Ekang en la parte occidental de la región central de la llamada África ecuatorial; dicha zona recubre hoy el sur de Camerún, Gabón, Guinea Ecuatorial, parte de Centroáfrica y Congo Brazzaville. La mayoría de los fang vive en Camerún y en Gabón. El resto se encuentra repartido en los demás países del África central ecuatorial. Los fang de Guinea, aun mayoritarios en la excolonia española, no son más que una ínfima parte de las colonias periféricas de los Ekang, diseminados en los dos Congos, Centroáfrica e incluso en Angola. Los censos actuales arrojan un balance de los fang-ekang en unos 9 millones de habitantes.

La sociedad fang es una sociedad que no necesita ni acepta realidades exógenas, Todo es intrínseco en el ente fang. El fang tiene establecido su ciclo vital, desde el nacimiento del individuo hasta su muerte. Todo es fang, no hay absolutamente nada fuera del mundo fang que sea capaz de alterar los fundamentos sólidos del mundo de los Ekang. La organización social fang es espartana. La filosofía fang-ekang fagocita elementos extraños venidos de fuera o considerados modernos y los integra en su propia monografía existencial. El fang reconoce la existencia de un principio único, el EYO, la inmensidad, la eternidad, (Dios para los mono-teístas). Pero la teología aparece como fenómeno anecdótico en la cosmovisión existen-cialista del mundo materialista fang. El fang cree en la materia, motor y energía que se transforma y adquiere una nueva dimensión; por eso mantiene un diálogo permanente con su ancestro, enterrado bajo tierra y puesto en el mundo de los muertos. Este mundo de los ancestros no es inerte, no es el descanso en el paraíso, como lo predican cristianos y musulmanes; los ancestros, los muertos, siguen vivos e influyen poderosamente en la vida de los vivos. Por eso el fang vive simultáneamente en el mundo visible y en el mundo invisible. La cultura fang se apoya en lo palpable, la fuerza, es decir, parte de parámetros existenciales. Se dice que la compañera de Jean Paul Sartre nació en la selva fang, porque en su sistema educativo el fang hace suyo el lema de Simone de Beauvoir ...*on ne naît pas femme: on le devient.* (No se nace siendo ya mujer: se llega a ser mujer después). A partir de ahí el fang educa al recién nacido con sexo masculino para que sea un hombre y más tarde padre de familia. Educa también al recién nacido de sexo femenino para ser una mujer y más tarde (si es fértil) madre de familia. Al contrario de las ideas del colonialismo impuesto, en la cosmovisión fang-ekang existe la homosexualidad y el lesbianismo. Se da el caso de que los dos pueden coincidir en una misma persona. Porque el individuo fang no es un ente suelto, independiente, sino que está animado y encarnado por un ancestro.

Se da el caso de que el ancestro de sexo masculino se encarna en el cuerpo de una mujer y viceversa, un ancestro femenino puede tomar cuerpo de hombre. En todos los casos el equilibrio natural se mantiene en el sesgo. Porque los fang reproducen lo que la misma naturaleza crea. Es la fuerza de la naturaleza y sus espíritus, los ancestros, los que rigen la comunidad. Un o una fang no es propietario de nada, ni de su propio cuerpo, pero lo administra todo. Porque es heredera y heredero de un doble legado, ancestral y colectivo. La unidad familiar del fang es el clan. Una tribu: Nsomo, Anvom, Ngama, Eseng, Esaguong, Esatop, Esasom, etc, está constituida por varios clanes. La etnia Fang-Ekang cuenta con cerca de cien tribus que constituyen el pueblo Ekang. Este pueblo se sustenta en soportes sólidos inalterables que le han permitido la supervivencia en África durante milenios, a pesar de las múltiples invasiones y masacres organizadas por árabes llegados del mundo árabe-musulmán. A pesar, también, de las conquistas, masacres, esclavitud, comercio de esclavos, colonización por parte de los europeos venidos del mundo judeocristiano. El pueblo Ekang sigue incólume ante fenómenos contemporáneos como las independencias africanas, la creación de Estados bastardos en África, los neocolonialismos, las dictaduras y sus consecuencias. En Guinea Ecuatorial, a lo largo de la historia la zona que mejor representa el legado del pueblo Ekang es Ebebiyín.

Ebebiyín es el primer polo de gravitación económica de la región continental guineana, Río Muni. En tiempo de los españoles era la primera comarca exportadora de café y cacao. Ebebiyín es un centro de producción y circulación de riquezas y mercancías. Es un todo, un pueblo, una ciudad, un distrito, una comarca, una región y, sobre todo, una cultura que lleva el sello del hombre de la selva fang. Por su localización geográfica, estratégica, en la doble frontera de Guinea con Camerún y Gabón, la ciudad de Ebebiyín siempre se ha caracterizado por su lucrativa actividad económica y dinamismo comercial. Ebebiyín es la gran metrópoli guineana del norte riomunense, cuyo impacto abarca a las ciudades camerunesas de Kie Osi y Ambam, pero también a las urbes gabonesas de Oyem y Bitam. Esta es la verdadera región de Ebebiyín: abarca tres países Guinea, Gabón y Camerún. A pesar del significado de su nombre Ebebiyín (en fang = eben beyín, que repele a los extranjeros) es un verdadero polo de atracción socioeconómica y centro de intercambio comercial de primera magnitud entre productos y artículos de Camerún, Guinea Ecuatorial y Gabón. En el marco cultural-lingüístico fang-ntumu, la zona de influencia de Ebebiyín es extiende a todo el territorio que se sitúa en el vado oeste del río Wele, que atraviesa en diagonal la región continental de Río Muni hasta Bata, pasando por Mikomeseng, Nkué, Nkomacak, Ayamiken, Nkovia, Mindyiminve y Río Campo. Ciudad céntrica en la configuración guineana de la selva africana, Ebebiyín se levanta en el bosque africano como un enorme vegetal que extiende sus ramas en la frondosa maleza, abrazando su suelo, trazando sus sendas, regando sus ríos y nutriendo sus platanares.

Eso es Ebebiyín, máximo exponente del mundo fang-ntumu en el espacio continental guineoecuatoriano, allí se encuentran representadas las grandes tribus que han construido el edificio histórico del pueblo Ekang a través de la selva y durante su larga travesía, narrada en la odisea del *Duru Bon Ba Afirikara* (la larga marcha de los hijos de África) en busca de su supervivencia, pues Ebebiyín se presenta como la última parada del largo éxodo hacia la mar. Cabeza de puente y guarnición fortaleza en el avance de los hijos de África hacia un nuevo horizonte, hasta el descubrimiento del Océano Atlántico. En esa gran epopeya migratoria del Pueblo Ekang participaron todas las tribus: los Nzomo de Nsok-Nsomo, de Otet y de Nsuanmanga ; Los Eseng de Oboroku, de Ndumu y de Bifee; los Oyec de Okong; los Esasom de Bidjabidjnan; los Efac de Mekoo y de Omengona; los Esandón de Eves; los Esabok de Mbang Osi y de Mbedum; los Yemendjim de Bidobo. También una larga lista de nombres de hombres jerarcas: Ndumu Ona de ndumu Eseng; Olinga Edu de Eseng; Nzang Eyene de Oyec; Nve Nguema de Onvang Melen; Ndong Ebee de Ngañg Nzomo; Ondo Eseng de Bidobo Yemendjim.

10

En fin, aquello formaba parte de las leyendas y mitos de Ebebiyín. Para Ndong el tiempo había pasado y todo aquello se había olvidado, llevado por el viento de la historia. Ahora se vivía el presente, muy lejos de los tiempos de la colonia española, lejos también de los primeros años de independencia, 1968, se vivía una nueva era, en un nuevo siglo, en la década de los dos mil. Su presente era inmediato y su realidad escueta. Él iba a morir y su destino estaba grabado oralmente en el gran libro de su vida. El médico le dijo también que su sangre presentaba serias carencias, faltaban componentes básicos. Desde su llegada a España, en el centro hospitalario, le habían hecho varios análisis que llevaban nombres bárbaros: biopsias los llamaban. Los resultados eran elocuentes para el galeno que le auscultaba; nadie le ocultó que era el suyo un caso clínico en estado crítico. Pero tampoco nadie se lo dijo así de claro. Su matasanos era un currante de la salud, un hombre que había optado por la oncología, una especialidad que casi siempre acompaña a los pacientes en la fase final de su vida. Esa profesión le servía para ver mucho mundo: en los encierros y en los entierros, durante la Semana Santa, y en las verbenas, en las noches de domingo y después de la feria taurina. En tierras de toreo como las de San

Fermín, con lanzas y banderillas, un matasanos siempre está ahí, antes y después, sobre todo después, después de una furibunda cornada. Al médico le toca sacar la estocada final, con arte y palabras de Góngora. Porque la muerte es también literatura, una odisea inamovible, acto último y desenlace de la comedia humana que se celebra con mucho sabor y pasión. De entre los vivos la muerte se anuncia con solemnidad, con cortesía y buenos modales. Con palabras moderadas que suenan bien al oído y así se va el muerto, dejando el mundo, con una serena sonrisa en los labios. El muerto, en este caso, todavía seguía vivo, sereno, sin sonreír, y me miraba profundamente a los ojos, como desafiándome. Pero hacía tiempo que había muerto. Una enfermera es la que vino a sacarme de mi ensimismamiento, hacía tiempo que habían retirado el cadáver de la cama para llevarlo al depósito y yo seguía ahí, ante la cama vacía del muerto en pleno soliloquio. El personal pensó en un posible delirio mental, debido al impacto causado por la muerte de mi compatriota.

En Alén Ntagan, se dijo de Ndong, desde su infancia, que el niño tenía Evu (principio energético que puede tener todo fang, hombre o mujer, que se destaca por sus dotes particulares). Pero se decía también que el Evu de Ndong solo le traería desgracias. Mientras que todos esperaban de él un futuro floreciente, porque los que tienen Evu, los que están dotados, acaban siendo hombres de provecho para su entorno familiar, para protegerlo de toda desgracia, su madre lo envió a vivir a Nsoasomo, su pueblo de nacimiento, y allí creció bajo la custodia de su tío materno, el gran jefe de aquel poblado, el honorable Mboo. Antaño los fang eran matrilineales o matriarcales, como muchos pueblos Bakongos del delta del río Congo. El fang recibe generalmente tierna educación en su infancia en el pueblo de su madre. La tribu materna tiene mayor ascendencia en la vida de la mujer o del hombre fang, mucho más que la paterna.

Ndong, durante toda su vida, había sufrido un mal incurable y desconocido. Por eso el adivino de Alén le vino a auscultar su Evu. El traslado al pueblo de su madre, bajo la segura protección de su tío materno, no cambió nada. De niño le contaron que todos los grandes hombres de la comarca habían muerto de forma violenta. Le contaron el caso de José Nsue Angüe que fue ministro y embajador, muerto. Le contaron el caso de Jesús Alfonso Oyono Alogo, que fue gran polítio y uno de los ministros más populares de Guinea, muerto. Le contaron el caso de Buenaventura Ochaga Ngomo, fue primer secretario general del Partido Único Nacional de Macías y ministro de Educación, muerto. Le contaron el caso de un rico hombre de negocios, Elías Abaga, muerto. El mal que más se temía en Guinea era la enfermedad de los políticos condenados a muerte por el régimen de la nueva era negra: la independencia. Desde su infancia, Ndong empezó a tener miedo de la independencia guineana que provocaba muertes a los grandes hombres. En Ebebiyín, región fronteriza, familias enteras se escapaban a Gabón y a Camerún, huyendo de la muerte y miseria que se decía había traído la independencia a Guinea Ecuatorial. Y no pasaba semana sin ver llegar de Bata un coche lleno de soldados que hablaban un fang hosco y agresivo, muy diferente del ntumu practicado comúnmente en Ebebiyín, para llevarse, atado de pies a cabeza, a un ilustre notable de la comarca.

Una mañana contempló la violenta detención de Pedro Motu Memia, Tobias Obiang Mba y Esono Mesie, grandes personalidades de Ebebiyín. La misma tarde una compañía de soldados armados hasta los dientes, salidos del distrito vecino de Mongomo, al mando del entonces teniente, Alandi Santiago Eneme, un primo hermano del presidente, hombre clave del clan en el poder, ocupó la ciudad de Ebebiyín con acciones brutales de intimidación. Desde aquel día empezaron sus dolores de cabeza y malestar general. Su vida cambió radicalmente y su cuerpo también. El malestar general del país incidía directamente sobre su organismo. Por eso el curandero pronosticó protección para su Evú. Sentía dolores de cabeza con mucha frecuencia, dolores por todas partes, dolores con pérdida de la noción del tiempo. Entonces todo se le presentaba de forma borrosa y vaporosa. A veces se imaginaba que su ser ocupaba toda la estancia, en un espacio sin tiempo y se quedaba así, llenándolo todo, delirando.

Sin saber por qué, siempre le aparecía la lúgubre imagen de un ilustre ministro de la isla de Corisco, que hacía años habían enterrado en Malabo. Era un hombre de mucho talento, un isleño que había estudiado Económicas en Madrid, había sido un brillante ministro de Finanzas del gobierno de Guinea, en tiempos de vacas flacas. Fue el artífice del primer banco abierto por Francia en consorcio con el Estado guineano en Guinea. Cuando todavía no se había descubierto el oro negro guineo-ecuatoriano, cuando todavía no se vendían pozos petrolíferos a Madrid, cuando todavía nadie soñaba con el Eldorado guineano, el economista isleño fue cesado de su ministerio y fue vituperado por la misma administración que le había confiado sus finanzas. Humillado, el brillante exministro se expatrió en España. Por mediación de una mujer traidora hizo las paces con el que manda en Guinea y regresó de nuevo a Malabo, luego se fue a Mongomo, al pueblo de Su Excelencia, donde se repartía el bacalao, para ser, otra vez, nombrado presidente del partido del presidente de la República. Ya de nuevo instalado en los aledaños de los círculos viciosos del poder tropical, se dijo que, en una noche de brujos, tres de agosto, fue de convidado de piedra al palacio presidencial de Malabo a tomar la copa del poder. Allí se mareó, tras dos vasos de champán. Se le nubló la vista y no volvió a salir de su sopor mortal. Por la mañana se supo por la radio nacional de Malabo, ente público y portavoz oficial de la República, que tras practicarle la autopsia en la clínica donde ejercen médicos venidos de Israel, solo quedaba anunciar la causa de la defunción. Casi con un fervor bíblico, el economista, exministro de finanzas y todavía jefe en funciones del gremio de los amigos del hombre grande de Guinea había caído fulminado, como Sansón en manos de Dalila, víctima de un ataque de paludismo cerebral. Se dijo que fue imposible ver su cadáver.

Se dijo que fue enterrado en un lugar desconocido, donde también se encuentra la tumba del sanguinario Macías Nguema, entre el cielo y la tierra. Se dijo que sus parientes no tuvieron derecho de ir a enterrarlo en Corisco, su isla natal. Pero se organizó un funeral muy lúgubre en la isla, se dio una larga procesión pascual por todo Malabo, a paso de tortuga. Se sacó al Cristo crucificado de la catedral y, de su altar en lo alto del monte, se bajó a la Virgen de Bisila para derramar de nuevo sus lágrimas bajo la lluvia en un llanto tropical. Una viuda, que sirvió de plañidera, fue nombrada, poco después, alcaldesa de la capital por donde se paseó el funeral. Fue un decreto del jefe de Estado. Esa imagen de viacrucis del hombre que se enterró a cal y canto, entre llantos y lloros, reaparecía incesantemente en el cerebro del joven guineano en los momentos de su padecimiento.

Ndong, en su delirio, se imaginaba hundirse en el inmenso océano. Soñaba que se encontraba en las orillas de la isla del muerto, aunque nunca se había echado a la mar en toda su vida; tampoco había aprendido a nadar en el frondoso río de su pueblo, el río Kie, que inunda las tierras de Ebebiyín, pero se esforzaba en agitar sus brazos cada vez que sentía ahogarse en alta mar, en un desesperado intento de alcanzar la tierra firme, o poder agarrarse a la isla que flotaba en pleno océano, cada vez que se acercaba a la isla, ésta se alejaba, agitando las ramas de sus cocoteros al son del viento, como diciéndole adiós. Él se quedaba solo, en alta mar, en tierras lejanas, en el mundo de los playeros, en el reino de los tiburones, en las aguas llenas de ballenas, mientras la isla, su único salvavidas, seguía su travesía como un barco encantado, tirado por una fuerza ancestral.

Eran sus momentos de naufragio, sus periodos de hundimiento, tiempos de tormenta y vendaval, sentía nauseas por su existencia, una gran debilidad física y abatimiento. Intentaba seguir luchando, para salir a flote, aferrarse a la ilusión de la existencia, apurar los últimos soplos de la vida que se esfumaba. Seguía respirando con inusitada pugnacidad, como un boxeador al borde del K.O técnico, con rabia, con ese sentimiento cruel de dejar todo aquello que nunca se tuvo en la vida, en Guinea. Por eso cuando me vio en el hospital de San Sebastián, su actitud hacia mí fue recia, altanera, prepotente y me abordó con violencia, con acritud, con esos modales raros que tienen los guineanos cuando se ven por primera vez. Abordan al otro como si fuera totalmente desconocido, cuando saben también que es un paisano, con una mirada que no expresa nada, pero que lo dice todo. Sobre todo, hastío, recelo, apatía, hostilidad. Los guineo-ecuatorianos tienen esa forma única, heredada de una historia trágica y actitud mental, de pasar de su maltrecha interioridad a su rugosa externalidad, culpando a otros de sus propios males. Por eso yo mantuve férreamente su dura mirada acusadora hacia mí. Entre los dos se entabló un mudo diálogo de presentación. Era el eterno debate entre la diáspora y su continente.

—*Todos empezamos por ahí, hermanito*— le dije con aspereza, escrutando su rostro y, acordándome de mis largas intervenciones en nuestra Universidad popular, proseguí mi demostración —*venimos para una causa, tú para denunciar, otros para estudiar, para después ir a levantar nuestra patria. Luego pasa el tiempo, ocurren cosas, se pierde nuestra agenda y nuestra memoria viva traída de África. Entonces reorganizamos todo, reactualizamos nuestra vida, te casas, tienes hijos, ya eres padre, has fundado un hogar en Europa. Ya eres europeo. Entonces te das cuenta de que somos hombres como los demás, que tenemos sentimientos como los demás, que tenemos derechos, en fin, que somos casi como los blancos, incluso mentalmente, ya somos más blancos que negros; porque ya odiamos la miseria, condenamos la opresión, combatimos la represión y queremos la libertad. Por donde quiera que vayamos en toda Europa, en todo el mundo, pero nunca en África, vamos proclamando la democracia, aclamamos la alternancia política, creemos en la libertad de información, apostamos por la libre expresión, amamos la radio libre, la televisión libre, el Internet ilimitado, la extensión de las redes sociales, utilizamos el facebook, el twitter y el whatsapp. Deseamos, como los demás, ver caras nuevas con nuevas ideas. Y, así se va el tiempo deseando y esperando el cambio que nunca llega a Guinea. Entonces te conviertes en ciudadano de otro mundo, desterrado de tu tierra y arraigado en otro suelo donde tienes tu arena y tus luchas como todo buen ciudadano del mundo. Pero tu tierra de origen, África, sigue siendo esclava; en ella aún reina el primitivismo, el totalitarismo, el neocolonialismo y su avatar, el régimen dictatorial, como única realidad cotidiana impuesta a todos los pueblos negros. Ayer, papá Nguema, hoy papá Nguema y mañana también papá Nguema. Un perfecto círculo vicioso. Un nadaísmo guineoecuatoriano. Porque desde la independencia de 1968, el hombre guineano es simplemente eso: nada. Un don nadie.*

—Bien, hablas muy bien, ¿podemos dejar esa discusión para más adelante? A la hora de tu muerte. Ahora me toca a mí morir, pero he cumplido

mi deber, no he venido a instalarme en Europa como tú. He venido a reclamar lo que Europa nos debe, lo que España nos debe y eso está aquí en este País Vasco donde vives años y años, nuestro tesoro, el tesoro colonial, los colmillos de elefante que se trajo *Olaechea. El tótem.*

Su escueta y tranquila respuesta me desestabilizó. Mi interlocutor había cambiado totalmente de actitud. Se veía que gozaba de una paz y tranquilidad interna que incluso se veía reflejada aun en su cara macabra. No supe qué decirle al instante y encima me sentía culpable. Yo acababa de desplegar toda mi artillería oratoria bélica; sacando a relucir mis mejores argumentos forjados por años de debates y conferencias universitarias por toda Europa. He ahí que un moribundo venido de Guinea que nunca había pronunciado un solo discurso en su vida me lo liquida en tan solo dos frases y me anuncia, encantado, su pronta muerte.

11

Buen guineano era el Ndong Ekieng éste, un guineano a su manera. Su nombre de tribu indicaba que era un hueso duro, por eso me abordó frontalmente y a toda máquina a la primera para dejarme K.O técnico a su muerte. Se notaba que había sido muy decidido en vida, como los *ecuato* de su generación, que siempre querían ganar y triunfar al instante. *¿Qué haces?* Es la pregunta que te hacen en Malabo y que resuena por toda Guinea desde que brotó el petróleo en esta tierra. Esa pregunta te la hacen, sobre todo, cuando no perteneces al gremio de los pudientes, ni sabes robar ni estás afiliado al partido que vende el petróleo guineano. Ndong creció con la canción de *Una Guinea Mejor*, algo así como en tiempos de la España franquista, con el lema de *Una Grande y Libre*. Nunca la España franquista se hizo grande ni la Guinea nguemista se portó mejor. Tanto fue peor en Guinea que Ndong pensó emigrar a España, en busca de un futuro mejor, en todo caso menos malo, tal como muchos en tiempos de Franco emigraban a Francia. Llegar a España para un africano desafortunado es algo así como figurar en el libro mundial de los récords, una gran hazaña. Llegar a España es también contraer un compromiso, una deuda de prosperidad, porque estás en un país cuyos políticos proclaman y aclaman a diario *el Estado de bienestar, el Estado de derecho y el Estado del excepcional clima y ambiente democrático vigente en toda Europa.* Visto así, para el africano que llega a la Península, España es un país colmado de bienes. Y la deuda es enorme, hay que hacer felices a los familiares que se han quedado en Guinea, infelices en África. Hay que enviarles, cada final de mes, un poco de democracia, un poco de bienestar, un poco de derecho y un poco de libertad que no tienen ni conocen. En suma, hay que enviarles cada vez un poco de España, es decir, giros de dinero.

En Guinea, Ndong, en realidad no quería abandonar a los suyos, salvo en momentos de crisis, cuando agudizaba su enfermedad. El único sacrificio que pudo consentir era la emigración desde su Ebebiyín natal a la capital, Malabo. Porque así tenía cerca centros sanitarios para paliar su precaria salud. Y ocurría algo raro en su persona; su lucidez mental aumentaba paralelamente a la agravación de su estado físico. Su capacidad mental era superior a la normal. Porque en Guinea, país corroído por la corrupción, Ndong era un *gurugurista* (contrabandista de todo) que hacía maravillas con su estilográfica en la mano, falsificando firmas y cobrando cheques falsos en todas partes, tanto en los bancos como en la tesorería del Estado. Con su pequeño negocio de falsificación de firmas, Ndong empezó a ganar dinero, mucho dinero y a penetrar también en los círculos del poder. Imitaba a la perfección las firmas de todos los ministros del Gobierno, en particular el de Finanzas y el del ministro delegado de la Presidencia. Su capital financiero, unido a su bonanza económica contrastaba de forma abismal con el declive progresivo de su estado de salud. Los médicos de Malabo, del famoso hospital La Paz, le aconsejaron salir del país y viajar a España para encontrar remedio a su extraña enfermedad. Muchos curanderos le daban ya por muerto. Decían que su inteligencia sin parangón la debía a su Evu (su principio energético) y su Evu, es decir el genio que vivía en sus entrañas y alimentaba su cerebro y mantenía el alto nivel de su lucidez mental también necesitaba nutrirse a su vez, con carne humana proveniente de parientes y familiares de Ndong. Y Ndong se negaba rotundamente a *entregar* a uno de los suyos como abasto a su propio genio, que reclamaba su víctima.

Fue en ese momento de dura tensión que su tío materno de Nsuamanga, el jefe Mboo, le mandó llamar al pueblo y Ndong acudio rápido. El encuentro con su tío le sería un momento de sosiego en la lucha feroz permanente contra su Evu, su propio genio. Pero al llegar al pueblo de su madre, en Nsoamanga-Nzomo, Ndong experimento una espectacular mejoría, sin siquiera la intervención de un curandero ni médico. Por las mañanas acompañaba a su tío a las plantaciones, y los largos paseos que los hombres se daban en el bosque parecían ser muy saludables para el paciente que venía de Malabo. Durante ese tiempo el hermano de su madre le llevaba por todos los rincones del bosque del poblado, lugares que eran harto conocidos por Ndong cuando era niño, pero los volvía a contemplar con ojos de adulto, saboreando su encanto. Durante ese tiempo nada había cambiado en el bosque, sin embargo, la selva ecuatorial había renovado mil veces sus plantas y, haciendo crecer sus árboles, presentaba siempre el mismo aspecto selvático, con igual manto verdoso. En su inventario estaban ahí todos los árboles de su infancia, elón, oveng, aseng, adjap, okume, dum, anduak, kom y muchos más. El río de su infancia también seguía ahí, fiel al mismo itinerario de siempre y a su compromiso de dar su agua a los moradores del poblado. También seguía alimentando al pueblo con su pescado. Las mujeres se levantaban tempranito con sus redecillas a buscar pececitos típicos de los ríos de la selva, que llevaban también nombres fang: benvaa, mitotom, mibong, bekara, miwas, de talla menor, pero también ngoo, ánguila tropical que llega a pesar cerca de un kilo.

Una mañana su tío le llevó a Ebasok (lugar de caza y distribución de carne de elefante) un lugar alejado del poblado; caminaron en el bosque hasta mediodía, hasta que llegaron a un claro de la selva, un lugar despejado en forma de círculo, rodeado de troncos caídos de Oveng, el árbol de la ciencia para los moradores de la selva fang. Y allí, con aires misteriosos, su tío le reveló el secreto de su existencia. Aquí, le dijo, te iniciamos y te dimos el nombre que llevas: Ndong Ekieng. Ndong, que significa sólido y Ekieng, hierro. Aquí te hicimos la circuncisión, todavía tenías siete meses. La ceremonia se hizo con la copia que se quedó de un colmillo de elefante que se utilizaba en estas ocasiones y que era también el tótem de la tribu. El propietario del marfil era también un elefante líder que llevaba también tu nombre: Ndong. Era el alma de la región y es el animal que guiaba la manada de elefantes de nuestro bosque. La manada se iba, pero siempre regresaba aquí. Se daban largos viajes atravesando inmensas selvas y siempre regresaban a su morada que era esta selva que ves. Ndong murió hace varias lunas y su colmillo sirvió también para iniciar a un blanco colono que vivió en estas tierras y se enamoró de nuestra cultura. Se llamaba Olaechea y se hizo fang, le llamábamos Ndong-Olea. Pero cuando Ndong-Olea tuvo que regresar a su país se llevó el tótem de nuestro pueblo, el colmillo de Ndong, el elefante. Hace poco, concluyó el viejo jefe, el espíritu del elefante se ha despertado en la selva y todas las noches viene a hablarme en sueños, reclamando que se devuelva su colmillo a sus tierras. El consejo del poblado, la Asamblea de los Ancianos, ha decidido que seas tú quien vaya a recuperarlo. Tu propio Evu está implicado en este asunto. La ciudad de Bilbao y la región de Ebebiyín tienen lazos sellados por la acción fraternal de un hijo del Pueblo Vasco en nuestras tierras.

A la mañana siguiente el pueblo reunido de Nsoamaga, presidido por su jefe tradicional Mboo, hizo los preparativos del viaje de Ndong a Bilbao para recuperar el tótem de la comarca, el colmillo de Ndong-elefante. Se procedió a la ceremonia del *Meteiñg* (Bendición familiar a la hija o hijo que va a acometer un evento importante). Se sacrificaron seis corderos guisados por las mujeres, que Ndong compartió con todo el poblado reunido. Se preparó una mesa de *sálaca* reservada a los ancestros convidados a la ceremonia para también dar su bendición al trascendental viaje de Ndong. Al comienzo de la ceremonia, tomó la palabra el jefe del poblado, Mboo, quien contó a los asistentes las repetidas visitas nocturnas que le había hecho el espíritu de Ndong-elefante en sus sueños, para pedir la repatriación a las tierras de Ebebiyín del tótem. A continuación, habló el Anciano del poblado, recordando los orígenes míticos de la fundación del pueblo de Nsoamanga y de la legendaria trayectoria de sus habitantes de la tribu Nzomo. Por último, intervino el curandero-adivino para explicar las razones por las que se encargó a Ndong la delicada misión de la recuperación del tótem que llevaba largos años fuera de su feudo natural. El curandero dijo que Ndong tenía la misma composición química (ADN) que la materia del colmillo de Ndong-elefante y que, una vez en España, el tótem sagrado captaría inmediatamente la presencia del hombre de Ebebiyín que venía a liberarle y sus cualidades mágicas permitirían un feliz desenlace de la operación de repatriación del tesoro de Nsoamanga. El pueblo reunido bendijo a su héroe, deseándole buena suerte en su odisea. La ceremonia terminó con el espectacular rito del *Meteiñg* con acorde líricos del Nvet y gritos estentóreos del *Oyenga*, el grito de triunfo de la mujer fang en la selva: Eeeeeyiiieeeeee

12

Tras despedirse de toda su gente, Ndong se trasladó de nuevo a Malabo para preparar su expedición a España. Durante una semana reunió todos los documentos necesarios para obtener un visado en la embajada de España. No fue difícil por su talento gurugurista, Ndong sabía hacer y tenía muchos contactos en todos los centros y administraciones. El primer día se presentó en la sede del partido del dictador-presidente, el PDGE (Partido Democrático de Guinea Ecuatorial), dando, generosamente, buenos billetes al funcionario que se encargaba de los carnet del partido de la Dictadura; el mismo día obtuvo del Partido una nota verbal, una diligencia, de la Secretaría General, transmitida al consulado español a favor del Hermano Militante Ndong Pedro Pancho para un visado de 30 días para efectuar un seminario de formación política, organizado en Madrid por el Partido Socialista Obrero Español (PSOE). Aquellos días el ministro de Asuntos Exteriores de España, Miguel Ángel Moratinos, acababa de efectuar una visita de buena voluntad a Guinea. La respuesta del cónsul español fue inmediata, a Ndong le dieron un visado de tres meses de estancia en el Reino de España. Pero Ndong todavía no tenía pasaporte. A la mañana, muy temprano, se presentó en el ministerio de

Interior, pidiendo obtener un pasaporte. Le dijeron que la sección de pasaportes se encontraba en la Comisaria General, en el despacho de Armengol, el hermano del Dictador. No necesitó ir a la oficina, se fue directamente a casa de una hija de Armengol que él conocía porque había prestado sus servicios a su novio. Ahí Ndong no hizo cola ni esperó en la antesala. Le hicieron sentar cómodamente en un gran sofá con un vaso de wiski en la mano. En un santiamén el guineano tenía entre manos un flamante documento personal de viaje. Horas más tarde, ya en el consulado español de Malabo, le sellaban su visado para al Reino de España (es la apelación oficial de España en Guinea Ecuatorial).

Faltaba obtener el billete de avión para la península. Era la parte más fácil de su operación en Guinea; para Ndong obtener un billete de vuelo para Madrid se presentaba como un juego de niños, conocía a casi todo el personal de la compañía de aviación guineana, Ceiba. Fue directamente a la oficina de la agencia donde se compraban billetes para Madrid, extendió un cheque firmado por el mismo gerente de la compañía y le dieron un billete de ida y vuelta Malabo-Madrid de seis meses. El cheque era auténtico y solo la firma estaba falsificada. Ndong no perdió tiempo y sin más ni más tomó el primer vuelo que encontró en el aeropuerto de Malabo rumbo a España. Cuando sale de Malabo y llega a Madrid, el guineano piensa que ha ganado la partida al desembarcar en España. Ha ganado su viaje casi gratuitamente, también ha traído una buena cantidad de euros. Le bastó simplemente imitar varias firmas conocidas en la tesorería guineana, firma de altos miembros del círculo del poder, amigos y parientes de Su Excelencia, que manejan ingentes cantidades de divisas, muchos las guardan en los colchones, debajo de la cama, otros las entierran en sacos en la selva, los demás, con poca imaginación, las dejan ahí, en el banco, a la vista de todos, donde se las quitan con golpes fraudulentos y cheques falsificados, pero son millones y millones que no se agotan, millones de Francos CFA. El Franco CFA es el dinero que Francia llevó a sus colonias de África, del que se benefició también a la ex colonia española. Los cheques falsificados que salían de la mano de Ndong provocaron un hueco tremendo en la filial de la Société Générale, un banco parisino que vino a pescar fortunas en el río revuelto guineoecuatoriano. Ndong podría haber continuado con esa buena labor de falsificador al servicio de la usurera clase pudiente guineana. Pero tenía que interrumpir tan buen camino de seguir la senda que le llevaba a cavar todos los días el filón de las arcas del Estado en nombre de sus camaradas del partido en el poder. Su viaje a España le hacía renunciar a la vida que llevaba, hecha de corrupción, dinero fácil y robo permanente, para elegir la tortuosa pista de despegue que le llevaba a una incierta aventura a lo desconocido, a la emigración a Europa y quizás también a la muerte. Porque estaba en España en misión de rescate. No digas nada de tu misión a nadie, ni siquiera a un guineano, le habían repetido los ancianos de su pueblo.

Ya estaba en Madrid, y la España soñada bajo el sol tropical se le presentaba en toda su extensión a sus pies. Adiós Malabo, adiós Bata, adiós Nsoasomo, adiós Ebebiyín, adiós a aquellas noches de ambiente caldeado en medio de la mala vida guineana. Adiós a todos esos buenos y efímeros momentos pasados cuando acababa de ganar pasta, usurpando el dinero puesto en la agencia de la banca francesa, Sociedad General. Con sus amigos siempre organizaban el golpe en vísperas de la fiesta del 3 de agosto, aniversario del golpe de Estado y Día del caudillo guineano. En Guinea siempre hay fiesta; hay fiesta el día del natalicio del presidente, hay fiesta el día del aniversario de la mujer del presidente, hay fiesta el día del natalicio del hijo del presidente, también hay fiesta el día en que el sobrino del presidente descubre que ya tiene mil millones de todo tipo de dinero en el banco Sociedad General. Se hace fiesta. Se invita al coro Bibulenseng, se invita al coro Milenio 2000, se invita al coro Antorcha de Zaragoza, son coros de mujeres casadas que viven como solteras. Ellas cantan y los invitados de Su excelencia bailan, los principales invitados son los amigos *blancos* del presidente, sobre todo los ministros de España, uno que fue de Hacienda, otro de Asuntos exteriores, otro presidió las Cortes, y así va la vida en Guinea, un mundo de fiestas y de esperpento. Un mundo de brujos que sólo salen de noche.

Es una noche de Malabo, una noche de buitres. En el puerto, unos se han llevado varios cargueros llenos de crudo; no se sabe adónde, ni se sabe quién dio la orden a los petroleros, pero eso no importa porque es fiesta, día de fiesta en Malabo. Ndong también va de juerga, se viste de fiesta con sus amigos, se baila Madjosky, el conjunto de moda, que ha cambiado de nombre, ya se llama Añambe Star, pero volverá a cambiar de nombre, en un tiempo futuro. Porque en el pasado, su ritmo fue el mejor del momento; *Sacubasa*, fue también el título de su último éxito. En la pista todos lo bailan, *Sacubasa*, meneando el culo en un lascivo movimiento de vaivén, con el mismo movimiento se baila también la canción de otra estrella de moda, Sandra Star, su tema *Mi cosa*, la señala llevando lascivamente su mano bajo el vientre hasta los muslos. Es Malabo, es fiesta, todos beben, todos bailan. Los ministros de España también empinan el codo y se menean de un lugar para otro, como los cocoteros bajo el vendaval, en busca de las notas más tropicales. Ellos también bailan *Sacubasa*, no cogen el ritmo, no importa, cada uno ya tiene su merecido, dos jovencitas para la noche, dos *miningas* (mujeres) de 15 a 16 años para cada blanco invitado por Su Excelencia. En Guinea el régimen es duro, pero la vida es buena, para todos, sobre todo en periodo festivo. Ndong, que no sabe mover su cintura, se deja llevar en la pista de baile, a probar su existencia, su cuerpo responde, sus miembros también se mueven en todos los sentidos como los cocoteros de la cooperación que se mueven de una parte a otra, sin sentido, impulsados únicamente por la fuerza del viento. En realidad, el falsificador de cheques no baila, es su ser, todo su ser, el que entra en la danza y cae en trance. Ndong es un bantú, tiene varios nombres, los que le dieron en el pueblo de su madre y los que le dan el pueblo de su padre, pero él prefiere el que él mismo se da cuando afirma su propia identidad, Owono Nvé, Owono significa cacahuete, uno de los principales alimentos de la gastronomía fang, y Nvé es palo rojo, madera muy preciada en la cultura tradicional de los moradores de la selva; del Nvé se sacan muchos ungüentos, sobre todo el *Bha*, crema para la mujer que acaba de dar a luz. Las empresas forestales que penetran la selva guineana utilizan la preciosa madera del Nvé en sus exportaciones, un producto guineano muy cotizada en el mercado internacional.

De modo que Ndong, bailando, convertía todo su cuerpo, puro producto de la selva, en un armazón gigante, en un gran engranaje donde cada pieza encaja en su sitio al compás del sonido del tiempo y del espacio. De esta manera, Ndong se convertía en otro ser, operaba su metamorfosis y se transformaba, él solo, en todo un universo. *Cada persona es un mundo*, gritaba el animador de aquella tarde caldeada por el ambiente tropical malabeño.

En Guinea la gente es polivalente, el disc jockey, cuya voz resuena en los altavoces, es también animador de los mítines políticos del partido en el poder, es agente de *Seguridad* (policía política guineana), es oficial de protocolo de la presidencia de la República; los domingos va a decir misas en la parroquia del barrio Ela Nguema, porque también es cura, estudió teología en Badalona, cerca de la ciudad condal. En España vivía en pareja con una guineana durante sus estudios sacerdotales y con ella tuvo una hija. Madre e hija viven en Hospitalet. Desde Guinea, el animador les envía dinero que saca de su parroquia y bonos de la presidencia del Gobierno que la madre de su hija vende a los guineanos de España que viajan a Guinea. En Guinea hay muchos bonos: bonos de Estado, bonos de gasolina, bonos de gas, bonos de Hacienda, bonos del Partido, bonos del supermercado Martínez Hermanos, bonos de la clínica de los israelíes, bonos de los musulmanes, bonos de discoteca, bonos de todo e incluso bonos del verdadero Bono de España. *Cada persona es un mundo*, vuelve a gritar en los micrófonos el animador para caldear el ambiente. Ndong lo escucha y sacude su cuerpo ya vibrante, su mente está en trance. Por eso el tema se llama *Sacubasa*, se sacude el cuerpo y se crea su mundo. En su delirio, Ndong se esfuerza en forjar su mundo en su cosmos; un viaje instantáneo al pasado, al futuro y al presente; así crea su universo donde todo brilla, la tierra, el sol, la luna y las estrellas. El joven descubre su cuerpo, su galaxia, un gran vacío lleno de un inmenso espacio en medio del tiempo. Un tiempo ilimitado porque, más allá, descubre también su inexperiencia, su inexistencia, su sin-vida. Porque el guineano es fundamentalmente eso: un hombre sin vida que vive en un mundo perdido, en una república aislada en su propio universo, apartada de la movida que vive el resto del continente.

13

Vive, hombre, le solía gritar su prima Nena cuando aún vivían en Bata. *Vida, chicos vida*, lanzaba la Nenita cuando traía a un nuevo hombre a casa, apenas daba tiempo a su nuevo novio de saludar a los demás miembros de la familia, que eran sus cuñados, cuando se encontraban todos reunidos en el salón mirando la televisión; la pareja pasaba directamente a la habitación de Nena. La alcoba de la chica se encontraba detrás de la casa, eran tres paredes de machimbrada adosadas a la pared trasera del resto de la vivienda, que era de cemento y barro. Lo que pasaba ahí era digno de figurar en el libro de las mil y una noches. Porque Nena tenía la mala manía de abandonar a su hombre en la cama en medio de la noche, dejándole solo. Insatisfecho, el macho se volvía loco, casi cabrón, porque sólo habían librado *un combate*, como decimos en Guinea, es decir, que el mozo solo había tenido una sola eyaculación, mientras que la media reclamada generalmente por un macho de Guinea puesto en la cama es de cuatro o tres *combates* como mínimo, tres eyaculaciones, el ritmo normal tropical, según estipula el tratado no escrito de la guinealogía sexual. A medianoche, Nena se escapaba de la casa dejando a su pareja en la cama *con el culo al aire* según su expresión favorita. La muchacha terminaba el fin de la noche en la otra parte de la extensa ciudad de Bata, en otra cama, con otro hombre. Desde niña, Nena decía que era hembra para toda la manada. No se consideraba propiedad individual ni se conformaba con un solo hombre. Ella era mujer de familia, comunitaria, atendía a todo el colectivo y daba a todo el mundo, nadie debía llenarse él solo ni tampoco quedarse sin probar bocado. Nena era lo que se dice en fang *Akap,* generosa. Era esa su filosofía de solidaridad africana. Nadie sabía de donde sacaba aquella sabrosa lógica mancom-unitaria, aparte de un percance de infancia que la hizo pasar unos días con un grupo de gorilas que acostumbran a transitar en la jungla de Nnaing, un vasto territorio de selva virgen situado entre los bosques de Niefang, Evinayong, Nsork y Acurenam.

Bueno, todo eso ya estaba muy lejos, en el tiempo y en el espacio. Lejos, en Guinea. Ndong estaba ahora en Madrid, en España. En Barajas, en un flamante aeropuerto europeo, en una de las terminales más modernas, la T-4, recién construida, recién inaugurada con el nombre de un hombre muerto de reciente memoria, Adolfo Suárez. Pancho tuvo un ligero estremecimiento en todo su cuerpo cuando leyó el inmenso rótulo que anunciaba el nuevo nombre del aeropuerto de Barajas: *Aeropuerto Internacional Adolfo Suárez.* ¿Por qué Suárez? Se preguntó, se acordaba de que una vez Suárez vino a Guinea a arreglar aquello y Obiang le mangoneó y le ninguneó también, pero aquí en

Madrid respetaban a Suárez. Bueno, honraban su memoria. En Guinea los monumentos y demás establecimientos de envergadura llevan el nombre de gente poderosa como Obiang o Hassan II, o gente que ha sido genio y brujo en vida. Tal vez era el caso de Suárez en España. De repente, se sintió incómodo en aquella inmensa sala pulcramente iluminada. En esto, se le acercó una pareja de vigilantes que le habían estado observando hacía tiempo, dos policías, éstos le hicieron un gesto de saludo con la cabeza, pero Ndong se adelantó con una gran sonrisa en los labios.

—*Hola, soy guineano, vengo de Malabo, espero a mi hermana que debe venir a buscarme.*

—*Eso queríamos saber, por si necesita ayuda*— le dijo el que parecía mandar.

—*No, no, tranquilos,* esperaré, siempr*e llegamos tarde a las citas los africanos*— replicó Ndong con una gran sonrisa. Contentos, los guardias se alejaron y de nuevo la mente de Ndong volvió a ocuparse del misterio de Suárez y su nombre en el aeropuerto.

En Guinea se hablaba mucho de brujería. Se dijo que cuando Suárez se fue a Guinea para exigir la democracia a Obiang, se fue muy bien preparado con un tótem poderoso y superior al de Obiang, por eso el dictador guineano no dejó aterrizar su avión en su segundo viaje. Una magnífica construcción como la terminal T-4 debió de haber costado lo suyo, se dijo el guineano. Un aeropuerto es un lugar muy importante. De ahí sale y llega todo. En el aeropuerto, cuando llega la noche, se recibe a entes, entidades y espíritus que llegan de todas partes. En Guinea se dijo que las infraestructuras construidas por Obiang se pagan con vidas humanas, en la brujería. Brujería también fue el accidente de Spanair, en T-4. Se acordó de los titulares de aquel accidente del que tanto se habló en Guinea, más de 150 muertos, se estuvo hablando del accidente en la televisión guineana durante más de una semana, las imágenes las facilitó la televisión española. En Guinea se habla mucho de la muerte y de los muertos. Muchos dejan su vida por nada, sobre todo los generales y los hombres fuertes del régimen, y la televisión habla de sus entierros y las misas de réquiem en la catedral. Viene un obispo del partido y bendice al muerto en presencia de sus viudas, en Guinea los hombres fuertes son todos polígamos y sus mujeres lloran mucho cuando mueren. El avión de Spanair se disponía a despegar en una de las pistas de la famosa T-4 cuando se estrelló el 20 de agosto de 2008. En Guinea se dijo que el gobierno español pagaba a los espíritus por sus años de bonanza económica. En aquellos días, España era el centro de atención del mundo entero por la Exposición Internacional que se celebraba en Zaragoza. En el aeropuerto de Barajas, sobre todo en la T-4, desembarcaron muchos espíritus llegados de todas las partes del mundo para la Exposición, pero también para venir a reclamar parte de la sangre humana que les correspondía en el inmenso sacrificio del gran mercado de la mundialización de la nueva esclavitud humana.

En el credo africano, ninguna defunción se hace gratuitamente. La muerte, única realidad suprema del hombre, no llega al poblado por azar, sin avisar, como tampoco se lleva a una víctima de la comunidad por pura casualidad. En Guinea, por ejemplo, en Malabo, se sabe quién va a morir mañana, dónde, por qué y cómo. Esto se sabe en la presidencia de la República, se sabe en la clínica de los israelíes, se sabe en los cuarteles y en el mercado público. La muerte viene y llega, planeada, programada, calculada, cronometrada hasta el último segundo, en el último suspiro, como una bomba teledirigida que estalla en el momento fatídico. ¡Bum! Y la persona muere. Es el escogido. Terrible. Y la verdad es que esa es la verdad. Esa fue la idea que le surgió, poderosa, en la mente, desde el primer momento en que desembarcó en la lustrosa terminal del aeropuerto madrileño. Una bonita obra de ampliación que convirtió el aeropuerto de Barajas en uno de los primeros aeropuertos de Europa por su intenso tráfico y capacidad humana, millones y millones de pasajeros al año. Mucha materia energética. Su construcción empezó en 1997, pero se colocó la primera piedra en el año 2000, año muy simbólico de transición secular que mucha gente no llegó a ver, porque se los llevó el gran espíritu del siglo XX. La nueva terminal de Barajas fue glorificada con el Premio Stirling del Real Instituto de Arquitectos. Era una obra magnífica, una obra que, según se imaginaba Pancho, se pagó cara, en vidas humanas. Porque en un sitio olvidado de la gran antesala, una pequeña placa llamó su atención, un rótulo colocado en un lugar no muy llamativo *en memoria de los muertos del accidente del veinte de agosto*. Fue en 2008, dos años apenas después de la inauguración de la flamante terminal. El vuelo 5022 de la compañía Spanair, la misma que hacía vuelos en Malabo, sufrió un accidente poco después de su despegue. Era uno de los aparatos más seguros de la flota aérea española, un McDonnell Douglas MD-82, de fabricación americana, el avión salía de Madrid rumbo a Gran Canaria donde nunca llegó, estrellándose en su pista de despegue. El balance total fue de 154 muertos.

Una gran catástrofe. Para Pancho la tragedia fue programada por los espíritus del poder que venían a cobrar su sacrificio humano. En aquellos días, la compañía española, víctima de la tragedia tenía muy buenos negocios en Guinea y muchos piensan que entró en el mundo africano del mando nocturno. Gran Canaria es un archipiélago africano pegado al continente negro, ahí también ocurrió otro accidente espectacular. Fue en los años setenta, poco después de la muerte de Franco, cuando España empezaba a cosechar los logros económicos de su nuevo régimen democrático con el incremento de la industria turística implantada en un país de nuevas libertades. La tragedia tuvo lugar el 27 de marzo de 1977; dos boeings de fabricación americana, uno de la compañía KLM y otro de PAN AM, se estrellaron en la pista del aeropuerto canario, causando 582 muertos. Un horrendo accidente que implicaba también a dos de las compañías más potente y prestigiosas de aquel entonces. Para Pancho, el guineano, los espíritus vinieron a cobrar su parte del negocio con vida humana. Eso es lo que se dijo en Guinea y eso es también lo que fue a misa. También en Guinea hubo un avión, en los años dos mil, de uno de los yernos de Su Excelencia que se estrelló en el Pico, hubo muchos muertos y muy pocas explicaciones. De noche ya nadie se atrevía a subir al Pico porque rondaban espíritus carnívoros en busca de carne humana. Después fue en Annobón, donde los dioses del océano reclamaron su ofrenda humana, otra catástrofe aérea, un avión cargado de espíritus cae del cielo. En los años ochenta, fue en Bata, donde un aviocar, un avión de la cooperación española se hundió en la costa litoral de Bata, también fue una gran catástrofe, un sacrificio humano. En Bata, los espíritus son marinos y salen de Utonde al caer la tarde.

14

Fuera empezaba a anochecer, Ndong creyó ver unas sombras negras que venían del cielo y caían sobre el aeropuerto de la capital madrileña. El joven guineano se planteó de nuevo su situación real en aquel aeroespacio. Parecía estar en un mundo indefinido, donde ocurrían catástrofes de varios milenios, entre los vivos y los muertos. En su pueblo, durante las ceremonias tradicionales de entierro, los mayores le repetían siempre que ninguna muerte, en vida, es gratuita, ni tampoco llega por azar. Para serenarse, para convencerse de que ya estaba en territorio español Ndong gritó —*me llamo Ndong Pedro Pancho, acabo de llegar a España y a partir de ahora, llamadme Pancho. Sí, he dicho Pancho. A secas*—. Dicho esto, el llamado Pancho continúo con su diálogo interno sobre la muerte. La muerte de una persona es siempre una causa, un acontecimiento provocado por contendientes en pugna. El que moría acababa de perder la batalla, víctima de un atentado perpetrado contra su persona; el arma mortífera suele ser de origen psicosomático: imprevisible, invisible, inalcanzable, ilocalizable. Sólo se ven sus efectos letales. Los fang lo llaman *Eluma*, misil. A veces, si el finado era conocido por sus ritos esotéricos, se le culpa por su poca capacidad de defensa, incluso se le considera culpable y causante de su propia desgracia. Por eso los fang siempre sondean rigurosamente al moribundo en su lecho de muerte: *Komboge, djoogo abim wa yem*, confiesa, di lo que sabes, le repite cada visitante, pariente o amigo. Si el moribundo *sabe*, pues *habla*, explica a sus más allegados lo que él ha hecho, no en la vida diurna, visible, sino en otras esferas, donde se localiza la causa de sus males, lo que ha provocado su enfermedad y determinado su consiguiente muerte próxima. Si el que va a morir no quiere confesar y prefiere *saludar a César*, pues expira llevando a su tumba el secreto de su muerte. Que hable o no antes de su muerte, con o sin confesión de última hora, los restos mortales del finado serán fatalmente repartidos, distribuidos rigurosamente entre los pretendientes de su herencia y futuros ocupantes de su puesto en la sociedad. En aras del inmutable ritual funerario bantú. El canibalismo en África es un todo y un nada, es una africanidad; algo que no se puede explicar pues es existencial, en términos no africanos, se diría que es algo imaginario, pero real, ritual y que constituye una de las prácticas más extendidas en toda la humanidad desde la eternidad. Se dice que Cristo dio de comer a sus apóstoles con su cuerpo y les ofreció su propia sangre como bebida. Tras el reparto de la carne del finado, con la distribución de su legado, se cree conocer al causante de su muerte, identificando al pariente más próximo, que se ha llevado la mejor tajada de su herencia, la cabeza del cadáver o sus mejores bienes. En la isla de Bioko se le identifica acudiendo al Morimo, el espíritu ancestral, quien anuncia al colectivo en luto el nombre del causante de la muerte del fallecido.

El dogma de la muerte provocada se lo habían inculcado a Ndong desde niño. Uno de los adivinos de su comarca aseguraba conocer al causante de la muerte de su abuelo y de la desaparición de su tatarabuelo. Le repetían siempre que en el mundo misterioso y confuso de la brujería se enfrentaban numerosas entidades, fuerzas invisibles, organizadas como empresas nacionales y sociedades privadas, todas actuaban como poderosas compañías multinacionales, con gran ánimo de lucro, proyectadas absolutamente a la obtención de incrementos exponenciales y por la lucha por el poder. Era una guerra permanente, una guerrilla urbana, de lujo, de enchaquetados y encorbatados, todos a por el empoderamiento y el dominio del mundo. Un mundo que se materializaba en otras esferas y dimensiones. Un mundo nocturno, cruel y sin cuartel, donde la materia prima es única: el cuerpo humano, su ente y su misterio existencial, siempre indescifrable. La persona humana es el único recurso energético universal. La única realidad de este mundo fantasmagórico. Por eso los brujos y científicos del mundo entero siempre necesitan matar a un ser humano para apoderarse de su ente personal y disponer de esa manera de su principio energético, tótem potente y necesario para campear en ese universo de poder siempre en pugna.

Como aquella tribu mártir que ya implantó un centro de recuperación de cadáveres humanos en Guinea. Porque cuando los poderosos disponen de energía humana llegan incluso a concebir grandes obras y monumentos, como las guerras de Hitler; como las victorias de Napoleón, como las conquistas de Alejandro el Magno, como las pirámides de los faraones de Egipto, como la reina de Saba, como la reina bantú de Ngola, como los altares de los mayas, como los vestigios de los aztecas y como otras mil maravillas que han supuesto inmensas pérdidas de vidas para toda la humanidad.

¿Qué hacer? ¿A dónde ir? Al guineano le embargó la misma sensación que experimenta el alpinista intrépido una vez alcanzada la cima de la sierra; tras un breve momento de euforia gloriosa vuelve a echar pie a tierra, vuelve a bajar, a caer en el anonimato de la tierra firme, a enfrentarse de nuevo con su realidad cotidiana. Tras bajar del avión procedente de Malabo, Pancho también se dio cuenta de su realidad inmediata. La verdad era que ya no estaba en Guinea. El guineano desembarcó en la Península un día de noviembre de 2008, cuando el otoño empieza a azotar a los subsaharianos de Europa. Subsahariano, ese nuevo léxico descubierto por los lingüistas progresistas de la Europa postcolonial para designar a los negroafricanos. Los de la derecha siguen llamando negros a los negros, porque saben que hay negroafricanos oriundos de Argel, de Túnez, de Rabat y del Cairo y no son subsaharianos. En fin, la primera novedad de Pancho fue esa, en España no era guineano, era subsahariano. Qué curioso, pensó, en Guinea nadie tiene ni idea de lo que es un desierto y menos aún la tierra árida del Sahara. Cuando pasó el control del aeropuerto, el policía no le retuvo mucho tiempo, se limitó a verificar la autenticidad de su pasaporte y sobre todo el sello del visado del consulado español de Malabo.

—*Tienes noventa días de estancia a partir de hoy, y no te quedes como los demás, anda, pasa*— le dijo el agente. Pancho se dio cuenta de que los policías de España no pedían dinero como en Guinea, ni eran ásperos en el comportamiento, con él fueron poco rigurosos con el reglamento. Tuteaban familiarmente a los guineanos, pero cambiaban de comportamiento cuando se trataba de otros africanos. Ya en la sala de recogida de equipaje, se guardó en el bolsillo los doscientos euros que sacó para darlos al poli, por si acaso, pero se extrañó mucho porque el agente que le controló apenas miró los billetes que él le tendía disimuladamente como se hace discretamente en los aeropuertos africanos. *Esta España es extraña*, se dijo, *yo seré pionero en este país, como el capitán Oleachea en Guinea*. Pero ¿a dónde ir? Cuando se planteó su salida de Guinea no lo hizo con convencimiento, lo hizo con el mismo ímpetu de un preso organizando su evasión; no estaba seguro del éxito de su proyecto, tampoco tenía una idea muy clara de lo que podía hacer una vez llegado a España para llevar a buen término la misión que le habían encomendado en Ebebiyín. Eso sí, podía aprovechar sus noventa días en España, participar en un pequeño seminario de gestión empresarial y regresar a Guinea triunfalmente con certificado de estudios y un colmillo de elefante repatriado. Pero, pensándolo bien, rechazó la idea de los estudios. Porque en la Guinea nguemista, los estudios no valen, *los que han estudiado no valen para nada*, lo dijo Su Excelencia, *no levantan el país porque son opositores*, los que valen son los militantes del PDGE, el partido fundado por Su Excelencia, el partido Democrático de Guinea Ecuatorial, para valer en Guinea hay que ser miembro de PDGE y el PDGE está en Guinea. Pues fuera de Guinea no está el PDGE, por eso Pancho se hacía conjeturas sobre su futuro fuera de Guinea. Precisamente todos los jóvenes como él quieren salir de Guinea, porque en Guinea no tienen futuro, a menos que se tenga a alguien allegado al círculo de Su Excelencia o en los diferentes aledaños del totémico poder de la selva. Pero tal no es el caso de la inmensa mayoría. Por eso también Pancho se fue, se fue también de Guinea por cansancio de la juventud en buscar justicia, por el tedio insoportable de este país, por ese desencanto que ha invadido a toda la sociedad, hastiada de tantos años de empoderamiento político, de hedonismo bestial, de verborrea inútil con una sociedad colapsada a tope, con un viejo militar que se muere en el poder. Pancho se fue enviado por su pueblo y, también, para que pudiera ver otra cosa, otro mundo. Un mundo joven, nuevo, libre y alegre. Desde Ebebiyín cogió su maleta de colchonero y se vino a Madrid, a la capital del ultraísmo, donde uno decide su vida a cara y cruz. Cogió su cruz, se la cargó y llegó a España.

Los guineanos tienen parientes en todas partes de España, sobre todo los fang; los fang tienen a los fang por todo el mundo: en Camerún, en Gabón, en Centroáfrica, en Congo, Kinshasa, en el otro Congo, en Brazzaville, en Nigeria, en Zambia, en Finlandia, en Namibia, en Rusia, en China, en etcétera, en todo. Lo que importa para ellos es estar ahí, y, ser. Ser y Estar este es el lema fang. Estar sobre todo en Madrid. Ndong, que ya se hacía llamar Pancho, cuando estaba en Guinea llamaba frecuentemente a sus familiares que estaban en la metrópoli, en el cinturón industrial de la capital española: Móstoles, Alcorcón, Alcobendas, Getafe, Torrejón, Alcalá, Parla, etc. Y así fue llamando uno a uno para encontrar albergue. Su primo de Móstoles tenía la casa repleta de gente, le dijo que podía albergarlo dentro de una semana porque estaba su otro primo que esperaba un billete de avión para embarcar en el vuelo de la semana siguiente para Malabo. Un espacio se liberaría, entonces podía venir a casa. El hogar de un fang siempre está lleno de gente. En Madrid, en Malabo o en Bata todos encuentran albergue en casa del primer familiar conocido. Llamó a la casa de su tía de Alcorcón, ella no estaba, le respondió su primito, el chaval tenía diez años y sabía responder.

—*Mamá no está*— le dijo una voz dulce que trasmitía toda la inocencia de la infancia —*ha ido con tía Asunta a trabajar a Mallorca.*

Aunque la respuesta de su primito le cerraba la puerta de la hospitalidad africana, Pancho no pudo evitar una leve sonrisa al imaginar el *trabajo* de su tía en Baleares. De todos es sabido en Guinea que las mujeres de los ministros y de otros grandes hombres del pueblo de Su Excelencia vienen los veranos a calentar el culo en el Mediterráneo junto a turistas generosos: alemanes, ingleses, franceses y otros atenienses que ya no quieren llamarse griegos por la crisis.

—*¿Y cuándo regresa? Se acabó el verano, ya estamos en noviembre*— protestó el guineano.

—*Ya no suele regresar pronto*— le dijo la vocecita inocente como recitando una lección bien aprendida —*suele ir a Francia, a Lyon, a descansar un poco, luego vendrá en diciembre para Navidades.*

La ciudad francesa de Lyon era el nuevo Eldorado que el mundo de la prostitución guineana acababa de descubrir en Europa. Sólo llegaban allí, procedentes de Malabo, las prostitutas más pudientes de la sociedad guineoecuatoriana, chicas de MAO que tienen amiguetes en el Movimiento de

Amigos de Obiang, animadoras del PDGE (Partido Democrático de Guinea Ecuatorial) y estrellas de ASHO (Asociación Hijos de Obiang). Las guineanas son muy solidarias, las que venían de Malabo a vender su cuerpo en Francia, pasaban por España para *remolcar* a una de sus primas del ambiente y, a dos o a tres, iban en comitiva de buena voluntad al país galo a buscar fortuna con el culo. En la metrópoli francesa de Lyon, las guineanas se han adueñado del barrio *Artillerie* (artillería), ahí cargan cañones practicando el oficio más viejo del mundo.

15

En espera de las Navidades, Ndong llamó a su tío de Alcobendas, era un antiguo exiliado de Gabón. Está demás decir que se trataba de un veterano militante, combatiente contra el régimen nguemista de Guinea. Combatió primero contra Macías, desde Gabón, y luego contra Obiang, ya en España. El tío de Alcobendas era un conocido opositor de ANRD (Alianza Nacional por la Restauración Democrática). En su casa le contestó un chico que debía ser de su misma edad, aproximadamente. Pancho lo adivinó por el timbre de su voz.

—*Tío Aang no está.*

—*¿Y dónde está?*

—*En Italia.*

—*En Italia, ¿qué hace allí?*

—*Pues lo de siempre, hace política, sabes que es un líder de la oposición.*

—*Pero si le llamé ayer desde Malabo y él estaba en Madrid. Además, sabía que yo venía hoy.*

—*Se fue esta mañana y a mí no me dijo nada, bueno, ¿qué le digo cuando regrese?*

—*Nada, nada. Ya le dije todo ayer desde Malabo y no está ni ha previsto mi llegada, nada para mí. Dile simplemente que he llegado.*

—*¿Cómo te llamas?*

—*Él lo sabe, si sabe ir a Italia y es líder político como dices, pues debe conocer a su gente y saber mi nombre. Dile eso*— cortó Pancho, que empezaba a perder paciencia con la gente de Madrid.

Gente que no aparecía cuando más la necesitaban. Los de Madrid son como los de Bata, le habían dicho en Malabo, no te dan de comer ni jamón cocido, eso sí, te pueden vaciar los bolsillos en un santiamén. Lo que sí era cierto es que se vaciaban las unidades en su cuenta telefónica, por tantas llamadas en el extranjero y desde el extranjero. Tenía su teléfono móvil Samsung que había comprado en una de las tiendas de los chinos de Malabo, compró también una tarjeta llena de unidades para llamadas internacionales. Era una telefónica china que proponía opciones más baratas que las demás sociedades francesas, Bouygues, SFR, Telecom, que acaparaban el monopolio de las comunicaciones en toda la África francófona. Con esa tarjeta, el guineano podía estar llamando durante un mes desde España a todas partes del mundo. Ése era también el milagro económico que el capitalismo comunista asiático trajo a la eterna África subdesarrollada: artículos y productos asequibles para los pobres del continente negro.

En su lista de solidaridad familiar africana aún le quedaban a Pancho bastantes direcciones y números de teléfono que probar. Probó el siguiente número, era el número de su prima Nena, habían crecido juntos en Ebebiyín. La madre de Nena era la hermana de la madre de Pancho, para los fang, Pancho y Nena eran tan hermanos como si fueran de padre y madre. Nena estaba casada con un español y había traído a su madre de Guinea, por eso Pancho no quiso llamarla al principio. Como sus tíos de Madrid no estaban, probó a llamar a su prima de Nsok-Nsomo. Llamó al teléfono, la línea llegaba a una casa de Getafe, le respondió una voz lejana, casi inaudible.

—*¿Quién es?*— creyó oír, era una pregunta, pensó, un susurro de voz que se iba perdiendo en la larga línea telefónica.

—*Soy yo, Pancho, vengo de Guinea, ¿está la prima Nena?*

—*Prima Nena, Nena, Nena...*— respondió como un eco la voz que susurraba lenta en la interminable línea de la telefonía madrileña, una voz cada vez más lejana, floja.

—*Soy Pancho, el sobrino de tía Anita Angono de Bata, vengo de Malabo y quiero ver a mi prima Nena*— volvió a gritar Pancho en el teléfono.

—*Nena..., Nena..., mi Nenita..., Nena*— le volvió a responder la misma voz, jadeante, vacilante,

121

sonámbula que se iba apagando hasta la noche, hasta el silencio, hasta que la comunicación se cortó. Pancho se quedó esperando con su teléfono móvil pegado a la oreja, como queriendo recuperar el hilo de voz nocturna desaparecida en su auricular.

—*Pero! ¡Cómo!*— gritó el guineano, en una expresión muy utilizada por los fang ntumu, al tiempo que volvía a repetir el combinado del número de teléfono de Nena en Getafe.

—*¿Qué pasa, quién llama?*— Esta vez tronó una vigorosa voz masculina en la línea.

—*Soy yo, Pancho, vengo de Guinea, ¿está la Nena?*

—*Pues la tía esa, Nena, chaval, aquí ha hundido un barco y se ha ido a las Palmas, macho. Soy Anthony, el chico de la cooperación que estuvo en Guinea y trajo a Nena a España, pues aquí, chaval, ella me la ha jugado, me ha colado a su madre enferma en casa y...*

—*Yo sólo quería...*— quiso decir Pancho, como para disculparse.

—*Escucha, macho, aquí hablo yo, y solo yo. Yo soy como el jefazo que os manda ahí en Guinea, je, je; escúchame, tengo aquí a tu abuelita más que pachucha, está entre el cielo y la tierra, su hija ya no es mi mujer, me ha dejado con el culo al aire y, yo, santiguando y ayunando como un pregonero de Sevilla en Semana Santa, sí Señor Cristo, tal como te lo digo, porque aún me queda un ápice de cristiandad con otro poco de humanidad...*

—*Perdona, Anthony, yo*— empezó a decir Pancho, intentando de nuevo romper el monólogo del madrileño, pero su interlocutor no se lo permitió.

—*Escúchame tú, te lo digo yo, yo que me ocupo de su madre las veinticuatro horas del día, porque si no fuera así, esa mujer que la trajo al mundo ya estaría en otro mundo. Y no en el celeste porque con este culo que tuvo la idea de parir a la Nena, San Pedro no se lo perdonaría nunca, sólo yo. Y aquí estoy, aquí estamos, andamos bien, pero que muy bien. Ahora bien, si quieres pasar, pásate, yo también me paso, traes un poco de tabaco para tu tía, cervezas, pan y vino para ti...bueno marihuana para mí, en fin, quiero decir, aquello que llamáis banga en Guinea. Si no puedes ahora, pues llama cuando venga Nena.*

—*¿Cuándo regresa ella?*

—*En las Navidades, claro, además harás de rey Baltasar en el día de los tres reyes, falta que hace en este barrio negro, perdón, de color.*

—*¿De color?*

—*Sí claro, mira, vivimos en un barrio donde la mayoría es blanca, pero en casa me siento terriblemente en minoría, yo soy el único blanco, con Nena y su madre aún tenía voz en el parlamento,*

con tu llegada me quedo prácticamente sin escaños.
Todo se me pone negro y el barrio también ¿Vale?

—*Sí, comprendo.*

—*Bien, ahora te puedes pasar y no te*
olvides: tabaco, cervezas, vino, banga y poco más, y
que aquí te quiero ver.

Pancho, que no tenía mucho sentido del
humor, sobre todo en aquella situación que
empezaba a ser inquietante y desesperada, se dejó
invadir por una gran carcajada. La Nena era muy
especial y Anthony un cachondo. Años atrás, el
blanco se fijó en su prima en el primer momento de
su encuentro, seis meses tras pisar el suelo guineano.
Porque el chico de Nena era un madrileño que vino
en cooperación a Guinea, enviado por la
administración española. En Malabo era animador
en el Centro Cultural Español (CCEM). Al llegar se
enamoró primero de una chica de Mbini que era
profesora en el Instituto de Bata, pero Nena, que
vivía entonces en Gabón, dando mil vueltas a un
joven de la tribu bapuni, capitán de gendarmería en
Libreville, hizo de las suyas. Dejó plantado a su
novio de Gabón y en un viaje relámpago a Malabo,
le quitó el novio a la profesora de Mbini que perdió
de vista a su blanco, mientras que el madrileño se
perdía buenamente entre los brazos de la guineana
que venía de Gabón. En Malabo, la guineana dijo al
español que en su familia todos eran buenos y de
buena cuna. Éstos y otros argumentos similares que

salían fluidamente de la boca de Nena fueron suficientes, argumentos sólidos que llevaron al altar a la pareja formada por la negra y el blanco. Se casaron en la catedral de Malabo. Fue un verdadero cuento de hadas, un episodio de la lírica hispano-guineana, con aquello de lazos históricos con entronización de ambas culturas ibero-africanas. Cuando el contrato de cooperación española de Anthony en Guinea llegó a su terminó, el madrileño se llevó a su mujer a España. Un año después de llegar, Nena viajó de nuevo a Guinea y se llevó a su madre a visitar Madrid; después nadie más regresó a Guinea. Nadie más. Ni Nena, ni la madre de Nena ni su marido, Anthony. *Están en España*, respondían invariablemente los miembros de la familia de Nena que se quedaron en Malabo cuando alguien, un vecino o un antiguo pretendiente de Nena, a la sazón muy solícito con la familia, quería saber el fin último de la luna de miel de Nena en España. Vivir en España, en Guinea significa estar a salvo de la dictadura de Su Excelencia y a salvo de la opresión de su familia. Es no sufrir tampoco la miseria que el mandamás y su entorno hacen pasar al resto de la sociedad guineoecuatoriana. A todo aquel que quería tener noticias de Nena le daban un número de teléfono de Madrid. Todo pasaba por teléfonos, entre Madrid y Malabo, entre la Nena y su familia, entre la Nena y sus antiguos pretendientes, que no eran pocos.

Desde Madrid, Nena llamaba a Guinea y calmaba a todo el mundo; a su familia Nena decía que vivía feliz con su marido, viajaban mucho por todo el mundo, descansaban también en todas partes y tomaban vacaciones en Palma de Mallorca, una isla preciosa como Corisco, donde acababan de comprar un chalet. A sus pretendientes les pedía paciencia.

—*Tu Ndong*— decía a uno —*tú sabes que lo nuestro nunca lo olvido. ¿Cómo olvidar lo que hicimos aquella noche, te acuerdas? Solo una cabra puede olvidar aquellos buenos momentos. Yo soy tu mujer y tú lo sabes.*

—*Tú, Mba*— decía a otro —*tú sabes que te llevo dentro de mí, ¿cómo puedes pensar que yo puedo sacarte de mi corazón? Espérame, cariño.*

—*Tú, Ndonnangale*— hablaba a otro tercero que también esperaba con el corazón partido, una parte dolida, la otra encendida —*yo sé que tú ya vives con otra chica, esa de Ayamiken, te lo digo yo, que ella vaya preparando sus maletas, porque cuando yo pise de nuevo el suelo de Guinea, tu chica ésta tendrá que salir pitando de tu casa.*

Todo salía de la boca de Nena y llegaba a los oídos de Pancho, porque era el único miembro de la familia en Malabo que tenía un teléfono celular, un móvil, como se llama en Guinea, también comprado en una tienda de los chinos y fabricado en Singapur, a precio rebajado, pero con múltiples usos. Pancho multiplicaba el uso de su celular y se quedaba pasmado escuchando a Nena. Pancho había logrado conectar su celular directamente con la antena parabólica del centro cultural francés de Bata, su número era guineano, pero funcionaba con el dispositivo de comunicación de la empresa de construcción Bouygues que hacía obras en el pueblo de Su Excelencia. En Mongomo, la constructora gala levantaba una impresionante basílica para el faraón guineano. Años antes, en Costa de Marfil, la empresa francesa había hecho la misma burla a otro viejo rey negro, Felix Houphouet-Boigny, que construyó también su basílica romana en plena selva africana. Pancho enviaba y recibía llamadas de todas partes y en todo momento con la red africana de la empresa francesa. *Sí, se justificaba, hay que robarles también a los que se llevan todo el oro de Guinea*, decía el guineano ufano por su tecnológico rollo telefónico. Para conseguir esas llamadas gratuitas, el chaval tuvo que falsificar la firma del director de Getesa, la compañía de telecomunicación nacional. Su prima de España no dejaba de hablar por el teléfono de Pancho, enviando imágenes de ella paseándose por la capital española, paseándose por el legendario parque del Retiro, donde acostumbraba a captar clientela rica y discreta. La guineana era también un talento poco común que sabía manejar los medios de comunicación social.

Nena tenía su propia agencia de noticias y su propio telediario guineano. Transmitía todo con su

WhatsApp en directo, sus ligues, sus conquistas y sus emociones, a veces suspiraba y su corazón latía. Eran momentos en que la guineana sacaba a relucir el último episodio de su vida, la telenovela de su larga producción imaginaria, eran escenas melodramáticas, achaques de celos y reproducciones de pasiones ardientes. Nena era una perfecta casada, una mujer de buen amor, que se ocupaba de todos sus hombres y de todos sus corazones, reconfortando de igual manera aquellos amores tan diferentes, pero pendientes, todos, de su hipotético regreso a África y de su vuelta a Guinea. Y así llegaban como palomas mensajeras, primero a Malabo y luego a Bata, las buenas nuevas que Nena enviaba desde el balcón de su casa de casada en Madrid. En Guinea los mensajes caían del cielo como anuncios navideños. A su familia, Nena decía que vivía bien con su marido, comían con mucho apetito y buen provecho todos los días, variando y alternando el menú; hoy garbanzos, mañana lentejas, pasado mañana guisantes, otro día paella, los sábados de verano gazpacho andaluz con música sevillana, los domingos de invierno plato asturiano con alubias, patas de cerdo y patatas con sidra. Cuando viajaban a Roma, Nena decía que comían risotto italiano y cuando estaban en Castilla pedían cochinillo con música de Aranjuez. En Guinea a nadie le importaban todos esos detalles salidos de Punta Umbría, lo que sí se tenía de cierto era que la Nena vivía a cuerpo de rey en Madrid, en el Reino de España. En Malabo, éste es el sueño de todo el

128

mundo. En realidad, la guineana tenía un flirteo en Torrejón de Ardoz, con uno de los ayudantes sudamericanos que oficiaban en una misión evangélica americana que distribuía comida de Caritas. El boleto de alimentos de Nena ponía *Unión Europea. Banco de Alimentos de la Comunidad de Madrid,* abajo, en letras pequeñas indicaba *Ayuda a familia numerosa, boleto mensual número 10, para matrimonio de diez hijos.* Pero Nena y su marido no tenían hijos. Cada semana, Nena iba sola a recibir comida de Caritas donde Arévalo, así se llamaba el ayudante evangelista sudamericano que distribuía comida de ayuda comunitaria. Nena prohibía a su marido acompañarla a Caritas donde cogía comida *son cosas de mujeres,* le decía, allí nos tratan con cariño*, si vienes conmigo, vendrás a enturbiar el ambiente.* Su marido se quedaba en casa y Nena se iba con Arévalo. Nena decía que Arévalo *sabía tratar a las mujeres.*

El sudamericano era de Colombia, un mestizo, de padre negro colombiano y de madre india guaraní. Arévalo fue expulsado de la guerrilla de las FARC (Fuerzas Armadas Revolucionarias de Colombia) por haber proporcionado una soberana paliza a un superior suyo que creyó sorprender violando a una negra en la frondosa selva colombiana. Arévalo lo dejó medio muerto y se escapó a los Estados Unidos. Pero después le dijeron que se había equivocado, era un juego erótico al que la pareja se daba junto a las demás bestias de la jungla que también venían a copular en el lugar haciendo mimos salvajes. En Estados Unidos volvió a hacer lo mismo con un policía blanco que encontró maltratando a una mujer negra en Brooklyn. Esta vez era de verdad. Pero mató al policía sin querer y se dio a la fuga la misma noche hasta Miami, donde consiguió papeles de exiliado cubano y salió con el primer barco que partía del puerto rumbo a España; era un carguero que llevaba barriles de ron cubano al puerto de Valencia. El capitán del barco necesitaba un hombre de seguridad a bordo y Arévalo era el hombre indicado para la travesía. Cuando el carguero de Arévalo llegó a Valencia, el exguerrillero de las FARC se trasladó a Madrid, donde sus conocimientos de inglés y su remota devoción cristiana le permitieron obtener un puesto de ayudante en una parroquia de evangelistas norteamericanos, donde se distribuía comida de Caritas, concretamente en Torrejón de Ardoz, donde todavía se encontraba de pie y al pie del cañón una antigua base militar americana. Su encuentro con Nena fue como el de dos viejos conocidos, confidentes y compadres. La complicidad apareció de inmediato y el amor también. En la cama Nena era una tormenta y Arévalo un trueno. Los días de la distribución de comida, Nena era una de las primeras en llegar a la misión evangélica, al lugar del reparto de alimentos, así ayudaba en la distribución hasta el final de la faena. Para Nena aquello era casi como un acto religioso, el día de Jesucristo y de la multiplicación de los panes, decía. Ella se servía la última y de lo mejor que ofrecía el banco de comida. Después le tocaba ir a *rezar* con Arévalo en uno de los almacenes de comida donde había de todo, incluso habitaciones con camas y cuartos de baño. De regreso a su casa, Nena también llevaba de todo, buenos paquetes de cigarro puro de la Habana y costosas botellas de ron de Cuba para Anthony, su marido. Nena y Arévalo tenían buenos negocios fuera de la Comunidad de Madrid. En Madrid eran muy cautos y se veían una vez a la semana los días de reparto de comida en Torrejón, mientras que ella vivía en Getafe.

En Móstoles, la guineana tenía también otro hombre, con otro contrato. Se trataba de un camerunés que también hacía muy buenos negocios en Madrid. El camerunés, que se hacía llamar Pierre, Pedro en castellano, tenía un locutorio donde se hacía de todo: encuentros fortuitos, ligues, venta de droga, dinero falsificado, falsos documentos, tarjetas de crédito, etc. En el local de Pierre siempre había muchos africanos, mucha gente de color, como dicen los europeos, mujeres y hombres, la mayoría pobre, pero con mucho talento y no poca imaginación. Los clientes de Pierre aspiraban todos a todo, sobre todo a ser ricos; sabían que el club merengue era el de los ricos y de los fachas, pero se identificaban con esas dos poderosas castas de la capital española, todos mostraban ufanamente falsas cartas de socio del Real Madrid, el inevitable club de fútbol del Reino de España. En el comercio de Pierre todos querían olvidar su pasado africano y vivir el presente europeo, ser castellanos y hablar español, pero sin olvidar el alcohol. Pierre, muy astuto, encontró la fórmula mágica. Se trajo una vieja canción de Ramoncín que gustaba a todos los policías del barrio y a las viejas damas de compañía que fueron jóvenes en los años 80 ...*litros de alcohol corren por mis venas, mujer, no tengo problemas de amor...*. Este tema era el himno comunitario de la extraña cofradía formada en el establecimiento de Pierre en Móstoles. Pierre era también la piedra angular de la colonia guineo-camerunesa de España, desde donde también se dedicaba a traficar todo lo africano buenamente comerciable en tierras europeas: acogida de hermanos recién llegados, inserción de nigerianos en la península ibérica, recepción de prostitutas de Biafra, nacimientos de hijos no concebidos, matrimonios legalmente ilegales, fabricación de novias españolas, nacimientos de guineanos no guineanos, adopción de hijos inexistentes, promoción de productos de Nkongsamba, cocina de ndole, baile de bikutsi, discos de makosa, conciertos de Moni Bile, discursos del silencioso Paul Biya, Nvet de Ambam, onzila de Ebebiyín, amores de Acamayong, desamores de Akonangui, brujerías de Nsang-melima, hausas de Campo Yaunde y un par de etcéteras más y poco más.

16

En España, el desarrollo de la telefonía se caracterizó por la implantación y multiplicación de locutorios en las principales ciudades y urbanizaciones donde viven emigrantes. Tras la integración de España en la Comunidad europea, el país experimentó un crecimiento económico y aumentó su nivel de vida, este incremento es espectacular entre 1991 y 2003, su mercado abre nuevos puestos de trabajo y la demanda de mano de obra se orientó naturalmente hacia Hispanoamérica. Durante esos años llegan a España trabajadores de Ecuador, Perú, Colombia y República Dominicana que representan entonces más del 30% de los trabajadores emigrantes. Son los que han contribuido no solo al incremento de la economía española, sino también a reactivar el dinamismo de sus principales urbes y periferias: Madrid, Barcelona, Sevilla, Vitoria, Bilbao, Valencia, Oviedo, Almería, Zaragoza, etc. Se abren en esas ciudades varios comercios, discotecas, clubes, tiendas de alimentación con la importación de productos tropicales y artículos de manufactura suramericana. Ese dinamismo socioeconómico generado por los emigrantes latinos contribuyó sobremanera a lo que se dio en llamar en el decenio de los 2000 *el milagro económico español*. Un milagro que tiene como seña de identidad el locutorio. El locutorio en España es altamente utilizado por los emigrantes y medianamente frecuentado por los autóctonos. Sólo la gente avispada conoce el verdadero valor del locutorio. En el local del locutorio se hacen muy buenos negocios, allí todo se vende y se compra en efectivo; hoy se vende el chalé de Julio Iglesias en Miami y mañana se compra el escambroso terreno de Carabanchel en Madrid.

En el local del locutorio se divulgan secretos de Estado y se trasmiten códigos bancarios. En el locutorio se envía dinero robado y se recibe capital blanqueado. La policía española organizó toda su operación *púnica* de manos limpias poniendo bajo escucha a todos los locutorios de la Comunidad de Madrid. En la actualidad el locutorio es una herramienta en todos los ámbitos de la vida española. Y sirve igualmente a todos, a rufianes y delincuentes, a policías y abogados, a economistas y comerciantes, a nacionales y extranjeros. Pero, de todos, son las mujeres las que más tajada sacan de los locutorios, allí encuentran a sus amantes y protectores, en fin, el locutorio es el lugar de cita ideal imprescindible para todos. Para obtener su línea telefónica, Pierre, el hombre de negocios de Camerún, oriundo de Duala, traficó hábilmente las instalaciones del tendido electrónico que la compañía Telefónica ponía a disposición de su variado público madrileño. Así pudo explotar buenamente, por tiempo indefinido, números atribuidos a privados y que su talentoso bien hacer pudo convertir en línea múltiple para su establecimiento público. Su locutorio estaba dotado de un equipamiento ultramoderno que le hacía de todo, con un complicado sistema internet de alta frecuencia. El local del africano era una formidable unidad de producción que se localizaba en un lugar muy concurrido por sus paisanos de Madrid, en la estación de Móstoles, junto a la línea de ferrocarril de trenes de cercanías Renfe. Antes de coger el tren para ir a Madrid, uno se iba de la lengua a la casa de *Pier*, como le llamaban los guineanos que iban a llamar a Guinea desde su locutorio. Iban y entraban en el local en silencio, con mucho misterio y aires de agentes secretos. Tras cerciorarse de que no eran seguidos, el presunto agente secreto entraba en la cabina y llamaba a Malabo, pedía a grandes voces una conferencia para Malabo —*Ponme con el despacho del Hermano Militante-Hermano de Su Excelencia*— gritaban a la voz que le respondía al otro extremo de la línea en Malabo. El hermano de *Su Excelencia* presidente fundador del PDGE, fundador también de los servicios de la policía política guineana, comúnmente conocida por Seguridad. Los guineanos que trabajan para la *Seguridad* desde Madrid tienen por única misión vigilar los *extraños movimientos* de Severo Moto y de su círculo de seguidores. Como los movimientos del aludido siempre son *extraños,* la policía de Su Excelencia sigue constantemente sus huellas.

17

En la sociedad guineana de hoy, tanto en Guinea como en España, prolifera un oficio muy particular, *Seguridad*, es decir el *chivatismo*. Pero muchos de los que trabajan para los servicios de información del régimen imperante en Guinea lo hacen no por convicción, sino por necesidad, para poder vivir y sobrevivir. Últimamente, desde la llegada del petrodólar guineano a las arcas de Su Excelencia, la plantilla de informadores se ha incrementado y también se ha internacionalizado, ya hay rusos, ucranianos, nigerianos, libaneses e incluso dos oscuros gabinetes de abogados, uno en Madrid y otro en París. En altas esferas socialistas de Madrid se habla muy bien de Su excelencia en Guinea, quien desde que tiene petróleo en sus bolsas recibe muy a menudo a jerarcas del PSOE. Todo el mundo está al servicio de su Excelencia de Malabo. De modo que, en Madrid, cuando sale Severo Moto, principal opositor de Su Excelencia, a tomar una copa en un establecimiento de la Castellana, este hecho aparentemente anodino, se transmite íntegramente y con todos los pormenores a las principales ciudades espías: Moscú, Kiev, Lagos, Beirut, París y Madrid, que retransmiten la información a Malabo. Su excelencia es generoso, en respuesta, inunda de billetes verdes a sus diferentes corresponsales en sus respectivas cuentas bancarias abiertas permanentemente en varios bancos de España y en el extranjero. Los espías guineanos no se benefician del mismo trato privilegiado en dólares. A los guineanos se les paga en Guinea, con Francos CFA, en una cuenta del banco de la Sociedad General de Malabo. La vigilancia no se hace únicamente a los opositores, sino también a todo miembro del gobierno de Su Excelencia de paso por Madrid. Si se le ocurre ir de juerga a una discoteca tropical perdida en un suburbio de la capital española, la escapada nocturna será notificada al Primer Magistrado de la nación con todo lujo de detalles: la hora en que entró y la hora en que salió, la lista de sus acompañantes y el nombre de su pareja de la noche. Todos esos pormenores figuran en los informes que mandan a Guinea desde España los chivatos al servicio del dictador de Malabo, tanto españoles como guineanos. En Madrid, Su Excelencia dispone de los magníficos servicios que le prestan altas personalidades de la vida política española: antiguos ministros sin cartera, miembros de gabinetes sin despachos, abogados sin causas ni clientes, empresarios arruinados, guineanos que piden puestos al PDGE. Todos recorren todo Madrid en busca de opositores y otros pormenores de la vida cotidiana de los guineanos que viven en el exilio. Esa buena gente al servicio de Su Excelencia pasa sus informes y pasan también su factura. Dichas fuentes constan en Malabo como informes de primera mano y constituyen el motivo principal de las llamadas cotidianas a Guinea de los informadores que colaboran con el régimen de Malabo. En sus anales consta el viaje de un famoso presidente del gobierno español, un gallego, que fue a Malabo a pedir a Su Excelencia apoyo para ayudar a España a entrar en el Consejo de Seguridad de las Naciones Unidas. Su Excelencia ya conocía su demanda a la cual, lógicamente, no iba a acceder, ya le habían avisado antes desde Madrid, pero recibió al ilustre visitante con mucha solidaridad africana, inyectó suero guineano en las venas del jerarca español, añadiendo petrodólares a la cuenta bancaria que tenía en Suiza su partido, en el poder en Madrid. Madrid no consiguió escaño en el Consejo de Seguridad de la ONU, pero Malabo sí ganó un nuevo informador de talla en la Moncloa. Todo ese rollo informativo se manejó hasta el meollo en el local del locutorio de Pier en Móstoles. Hasta hoy, todos siguen yendo a Móstoles, donde Pier, a su local, a la cabina de su locutorio, para llamar.

—*Aló, aló, Excelencia, he visto a Severo Moto hoy.*

—*Aquí Malabo. Dime ¿Qué ha hecho Severo?...*

—*Eh, eh, estaba paseando, creo que iba a tomar una copa en un bar...*

—*Muy bien, hay que estrechar la vigilancia, siga informando... y así estaremos perfectamente informados... me entiendes.*

—*Sí, Excelencia...*

Pier, con su agudo sentido de negocios, como buen dualés que era, pudo sacar mucho jugo de esa sabrosa fruta de gusto hispanoguineano que traían a mano los numerosos informadores que venían a llamar desde su locutorio, desde España hasta Guinea, de Madrid a Malabo, para informar a Su Excelencia. En aquellos días, muchos informadores acababan de fracasar en su proyecto de asesinato de un acaudalado guineano que acababa de afincarse en Madrid, cerca de Móstoles, con el estatuto de opositor. Desde Móstoles, el camerunés se enriqueció en un santiamén, prestando servicios a todos los guineanos que muchas veces eran españoles, atendiendo prioritariamente a la clientela femenina. Pier conocía muy bien el tema guineano. Sabía que el poder en Guinea está en el culo, y, en África, el culo más cotizado es el culo femenino. En Guinea mandan las mujeres. Sus mejores clientes eran pues mujeres, amantes de funcionarios y ministros guineanos que sus hombres habían enviado a la Península. Para vivir en España, ocuparse del piso comprado y cuidar también a los niños enviados a vivir en este mismo piso. Sin embargo, oficialmente, el régimen de Malabo sigue considerando a su antigua metrópoli como el mal mayor de Guinea, causante de todas las desgracias que sufre hoy la excolonia española, un país que adquirió su independencia hace casi medio siglo. Pier estaba en ese país con su negocio en España. Estaba al tanto de todas las transacciones: venta de información de la vida de los opositores; compraventa de pisos, alquiler de casas, adquisición de apartamentos para hombres al servicio del régimen de Malabo; residencia y estancia de esposas y amantes de los ministros guineanos en la capital española. Todo eso constituía un flujo financiero que ascendía a cantidades astronómicas, comparadas a las proporcionadas por un humilde locutorio de Móstoles. En pocos meses, *Pier* ya se había hecho pieza clave del poderío guineano. Su empoderamiento le llevó incluso a abrir locutorios en otras ciudades, incluso en París, donde la familia de Su Excelencia tenía litigios de *bienes mal adquiridos*. Pier sabía servir a los guineanos, a su gobierno y a sus opositores. En Francia, los locutorios se llaman Cibercafé y, para un camerunés que ha tratado a los guineanos, la mejor clientela sigue siendo la guineana.

El primer día en que Nena fue a telefonear en el locutorio de Pier, ella habló directamente al camerunés, cara a cara, como se dice en Guinea. Le habló en francés porque Pier no era fang, sino basa de Duala. La guineana se dirigió al camerunés con su sonoro acento gabonés adquirido en el mercado de Nkembo en Libreville, para que el basa de Duala se enterara muy bien de lo que le iba a decir: —

escucha—, le dijo, —*yo sé lo que estás haciendo aquí en Móstoles, he vivido en Gabón, sé lo que buscas aquí, es lo que también vosotros los cameruneses buscáis en Gabón, incluso en Guinea Ecuatorial porque allí también hay petróleo, como en Gabón; es decir que andas buscando la vida como todos nosotros, los africanos. Aquí, en España, yo, como guineana, estoy como en mi casa. Pero al mismo tiempo, como africana, soy tu hermana, porque eres de mi pueblo. Entonces, querido hermano, estamos liados tú y yo, por lo menos ligados aquí en España. Yo voy a ser toda tuya aquí en Madrid. Es decir, toda tu vida, siempre y cuando hagas lo que yo te diga. De lo contrario, tendrás problemas. Como en Guinea, aquí en España, tú lo sabes muy bien, un guineano puede hacer todas las bobadas del mundo y no le pasa casi nada o poco menos, pero si se trata de un camerunés es la expulsión o la prisión inmediata ¿Me explico?*

Ante el silencio del dualés, Nena prosiguió, matizando en su francés de Nkembo.

—*Mi marido es un blanco. Su primo es el comisario jefe de la policía municipal de Loranca. Todos sabemos que diste mucho dinero a una española de Valencia para que se casara contigo, por eso tienes papeles que te dejan vivir aquí, pero tienes muchos expedientes pendientes que la policía puede mover en cualquier momento. Tienes muchas cosas, majo,*— prosiguió la guineana al constatar que el camerunés se quedaba callado y con el ceño fruncido. Era buena señal, su estrategia daba en el blanco. El negro sudaba a chorros. Fuera hacía frío, estaban a mediados del mes de diciembre en Madrid. Todos los rótulos publicitarios ya anunciaban el niño que iba a nacer en Belén en el espacio de unos días, tiempo suficiente para vender mucho y obtener buenas ganancias. Muchos altavoces de los grandes establecimientos de Madrid, el Corte Inglés, Eroski, Alcampo, Día, Bankia, Caja Madrid, ya cantaban Navidad con villancicos de Huelva. En la Estación del Sur los viajeros bajaban y subían a los autobuses con las alegres notas navideñas: *campana sobre campana y allá arriba un niño, Belén, campana de Belén, si los ángeles cantan qué nueva nos traen.*

—*Oyes*— dijo Nena al comerciante camerunés que iba a ser su amante —*nuestro amor está naciendo, vamos a lograr grandes cosas juntos, como el niño Jesús, es Navidad ¿Sabes?*

Decía eso al tiempo que arrastraba al larguirucho hombre hacia la pequeña sala de baño del local reservado a la clientela. Allí Nena obligó al asombrado comerciante a hacerle el *servicio*. Un *servicio* que tampoco duró mucho porque también hacía mucho que el dualés no había hecho uso de su artillería íntima, la última vez que *mojó la cola* fue tres meses atrás, con otra guineana que también estaba en ayuno de culo, pero que iba a Guinea y le faltaban quinientos euros para pagar su billete de ida y vuelta, Madrid – Malabo - Bata / Bata – Malabo - Madrid. Pier se los dio después de una grata y encarnizada noche en su local. Fue un combate total. La guineana era de Añísok, casada con un chico de Mongomo que era oficial de la seguridad presidencial en Guinea. Su mujer vivía sola en España con los hijos, custodiando el piso que habían comprado en Parla con el dinero que les dio Su Excelencia en las fiestas del 3 de agosto que fueron a pasar en Mongomo. La guineana casada con el militar de Mongomo contó al camerunés, comerciante en Madrid, que iba a la defunción de su hermano muerto en un accidente en la nueva autopista de *Infraestructura* que salía de Bata para Añísok. Pero la guineana no le precisó si era un accidente de tráfico ocurrido en la autopista o un accidente laboral provocado durante la construcción de la autovía que la política de Infraestructura de Su Excelencia había llevado a Añísok. En lo que sí insistió la guineana era en el asunto de las Infraestructuras, en plural. Ella decía que los españoles no conocían las Infraestructuras, nunca las conocieron en Guinea, porque no hicieron nada durante los doscientos años de colonización. Era una lección bien aprendida que repetía siempre la mujer del oficial de Mongomo de la seguridad presidencial. Ahora sí que había Infraestructuras, en plural, por eso también había accidentes y muertes, también en plural. Pero las muertes no eran naturales, eran producto de la brujería, porque se tenía que pagar en carne y sangre humana el precio de la construcción de las Infraestructuras del país. Su familia no tuvo suerte, la muerte de su hermano se

143

interpretó como parte del precio que se tenía que pagar en Guinea *por el desarrollo de la nación emergente y por la Infraestructuras* repetía ella, tal como le había dicho también Su Excelencia. Antes de despedirse del camerunés, la guineana, que se llamaba Afang (A fang, que significa ir al fang), entregó un trocito de papel al asombrado camerunés, le dijo que era el número personal del hermano de Su Excelencia, —*si vienen guineanos que hablan mal del presidente*— le dijo, —*llama a ese número y cuenta todo lo que has oído, te van a pagar bien.* Lo mismo le dijo Nena después del íntimo y vigoroso frote en los aseos.

—*Ahora ya somos socios, yo diría íntimos, tienes que decirme lo que dicen aquí los guineanos que vienen a hablar mal de Su Excelencia. Ganarás mucho por ese servicio.*

Nena se ceñía las tetas con una prenda de canguro que le servía de todo, no sólo para proteger sus mamas sino también para abultar su pecho con todo tipo de objetos y dones que sustraía por doquier a diestra y siniestra. De entre sus dos pezones permanentemente erguidos, como dos cohetes en la rampa de lanzamiento, la guineana extrajo cuidadosamente un trozo de papel donde llevaba apuntado un número con seis dígitos, éste es el número personal de Su Excelencia, continuó la guineana, si vienen aquí *ecuatos* que hablan mal del presidente, llama a ese número y cuenta todo lo que has oído, te van a pagar bien".

En realidad, a la Nena le importaba un comino que hablaran bien o mal del viejo general que se moría en el poder en Malabo. Para ella lo importante era estar en la movida de la Seguridad guineana, los de Su Excelencia tenían mucho dinero, pagaban bien y le daban mucha clientela para sus actividades en España. De la misma manera, Nena colaboraba con los de la oposición, contándoles el último escándalo que seguía sacudiendo los cimientos del *Ongoete*, la presidencia guineana. La Nena gustaba de contar las travesuras de los hijos marroquíes de Su Excelencia, estos traían animales domésticos para degollarlos en el recinto presidencial, como lo hacen los musulmanes en fiestas de la Meca. Los hijos de Su Excelencia soltaban libres sus animales en el patio y ordenaban a los miembros del gobierno reunidos en el Consejo de ministros ir a atrapar a las bestias sueltas. El revuelo que se armaba en el patio del Gobierno era propio de una escena del mesing, la lucha libre fang. Como toda mujer, Nena tenía un sentimiento práctico de la vida, siempre en el buen sentido. Así trazó el camino de su andadura, paso a paso y con buena letra. Así también conseguía siempre, al final, lo que se había propuesto alcanzar en un principio. Cuando vivía en Libreville todos los guineanos que la frecuentaban conocieron también sus sobrados dones y sus inigualables dotes personales. Lo cual era mucho para una sola persona. Nena era ante todo una gran estratega, porque no era como las demás chicas que se expresaban con rodeos y circunloquios, todo lo contrario, ella abordaba los problemas frontalmente y atacaba situaciones comprometidas desde el ángulo menos pensado, así resolvía la problemática al instante y con asombrosa facilidad. Tenía un temperamento fuerte, con mucha determinación. —*Yo no soy Nena*— decía en los momentos cruciales —*me llamo Nguan Oyana* (la hija de Oyana, Oyana en fang significa espera, esperanza).

Cuando Nena llegó a Gabón en los años noventa, el país ya no era el Eldorado que fue en los años setenta, pero seguía siendo uno de los pocos países viables de la región, incluso próspero en comparación con los demás estados de la zona. Nena supo desde el primer momento que en Gabón la única alternativa que se le ofrecía a una guineana como ella para ganar dinero fácil era la prostitución pura y dura y eso es lo que hizo, no sin talento, incluso con delectación. Así se hizo la reina de la noche gabonesa. Oyana fue una buena esperanza para los gaboneses. Cuando llegó a Libreville, se fue primero a Ndjolé, ciudad donde se decía entonces se albergaba la sede del bwiti, la religión autóctona practicada por los fang de la rama okak en la zona sur de Río Muni y en Gabón. El bwiti es una mezcla de esoterismo bantú y cristianismo europeo, es sobre todo una religión del poder que campea actualmente en el universo ecuatorial africano. El bwiti deriva del culto ancestral a la figura del Biere que encierra reliquias de la etnia y de la tribu, unido al impacto de la cultura católica dominante en los colonos europeos. La figura femenina también se destaca en esta religión sincrética que une la tradición matriarcal de culturas bantúes y la adoración católica a la Virgen María. El bwiti lo empiezan a practicar los primeros trabajadores y obreros negros que salen de sus pueblos para venir a trabajar en factorías y centros urbanos de la costa, alejados y cortados del entorno cultural tradicional de sus poblados. Son las tribus del gran estuario gabonés: los Mitsogho, Massango y Apindji, que se encuentran en la región de Libreville, quienes transmiten ese nuevo credo del sincretismo religioso al resto de los fang, inyectando su potencia ancestral mediante nuevos ritos extraídos de la liturgia católica del ciclo pascual, con la introducción en el momento de pasión del Iboga, un potente alucinógeno que se extrae de la raíz de una planta y que permite al iniciado del bwiti realizar un *viaje* al mundo del más allá y que se asemeja al relato de Dante en la Divina Comedia. Se trata de una inmersión astral que dura tres días; se resucita en el tercero. Es un rito que refuerza sobremanera la personalidad del adepto que ha *viajado*, quien al consumir el Iboga entra en una dimensión que le permite vivir varias experiencias esotéricas. En Gabón, Nena se hizo *Bandji*, iniciada, y su personalidad cobró fuerza y poderío, ascendiendo así a un nuevo estatus social de prepotencia.

Nena no era guapa, pero era atractiva, con cuerpo de bestia de la selva. Un salvajismo natural que seducía mucho tanto a hombres como a mujeres. Por eso siempre tenía dos amantes, un hombre y una mujer. De niña, Nena tuvo un percance que estuvo a punto de costarle la vida, pues se perdió en la selva. Una mañana cuando tenía apenas tres meses de vida, su madre la llevó a sus plantaciones, que se encontraban en una parte del bosque muy aislada y frecuentada por grupos de gorilas que venían a abastecerse en sus cultivos, aprovechando la ausencia por maternidad de la propietaria. Al percatarse de los estragos que hacían los cuadra-humanos en la finca de su mujer, el padre de Nena puso unas trampas perfectamente disimuladas por la senda por donde pasaban los gorilas. Un día, uno de ellos, un bebé de también tres meses cayó en la trampa. Todo el rebaño se dio a la fuga, pero la madre del pequeño gorila no abandonó a su criatura. Se escondió en las inmediaciones y esperó agazapada en la espesura. Cuando vio llegar a la madre de Nena con su niña atada a sus espaldas, como acostumbran a llevar a sus críos las mujeres africanas en sus plantaciones, el gorila se abalanzó sobre ella y le arrebató a la niña. La madre de Nena persiguió al gorila, quien la guio hasta donde estaba atrapada su criatura gimiendo, tras lo cual le mostró a su hija bocabajo, cogida de la pierna. Hecho eso, la madre gorila desapareció con la niña en la selva, tras lo cual, entre gritos y lloros, la madre de Nena liberó al bebé gorila de la trampa, pero éste no podía moverse porque tenía un miembro inferior fracturado y sangraba mucho. La mujer cogió a la criatura herida como si se tratara de su propia hija, buscó plantas medicinales y ungüentos para curarla. Aquella noche se quedó en el bosque y durmió en sus plantaciones.

Pasó de esta forma dos noches en la selva curando al pequeño gorila y amamantándolo. En el tercer día, se recuperó del todo y empezó a emitir sonidos significativos que resonaron a través de la selva frondosa. Al poco rato apareció una gran manada de gorilas que les rodearon de inmediato. Salió la madre gorila con Nena en sus brazos, la niña no presentaba el menor rasguño y tenía entre manos una gran fruta de engong carnosa y jugosa, una fruta silvestre también muy apreciada entre los humanos fang. La niña sonreía y presentaba un saludable estado. Nena había estado protegida y había recibido cuidados apropiados de la madre gorila durante su estancia. La bestia entregó la criatura humana a su madre muerta de espanto, al tiempo que recuperaba a su pequeño bebé, ya curado y liberado de la mortal trampa de los hombres de la selva. Los gorilas dejaron una marca en la frente de la niña como signo de pertenencia a su manada, un símbolo muy fuerte que penetraba su delicada piel de bebé. Su madre no lo quiso borrar, dejándolo intacto, respetando la identidad legada a su hija por los moradores de la selva. Nena creció con el signo de los gorilas en la frente; sellada con el símbolo de los animales. Y así también se desarrolló su espíritu medio humano y medio bestia, con inteligencia humana e instinto animal. En la selva era ágil como un gorila y en el pueblo tronaba como una fiera, dominando a los demás niños. En los árboles trepaba como un tití y en los ríos nadaba como un pez. Cuando la molestaban en el pueblo huía a la selva, donde se quedaba varios días en compañía de sus hermanos gorilas. Ella era un animal humano, su cuerpo de felino acentuaba el encanto de sus formas femeninas. Así se hizo poderosa en su mundo salvaje, desde Guinea hasta Gabón, desde Guinea hasta España. Es el ciclo natural de migración impuesto a la población guineana tras la independencia de su país en 1968.

18

El viaje de Pancho a España se estaba complicando. Acababa de hablar con el marido de su prima Nena y la situación que le pintó no era muy agradable. Fue cuando se acordó de su otro primo que se decía vivía en Fuenlabrada y se llamaba Eseng. Eseng había obtenido una beca para cursar estudios de derecho en la Complutense de Madrid. Los estudios le iban bien, conoció a María Antonia en la universidad, era una chica española que venía de Soria. Sus padres no veían bien que saliera con un negro, pero bueno, no podían contrariar a su hija única que había terminado brillantemente sus estudios y había encontrado trabajo en un bufete de abogados de Madrid. Trabajaba para un antiguo ministro del PSOE (Partido Socialista Obrero Español) que hacía negocios con la familia del presidente de Guinea Ecuatorial. En el gabinete de María Antonia se ganaba mucho dinero, era una agencia que se encargaba de la asesoría jurídica de destacados dictadores de África central, amigos de Su Excelencia, entre ellos aparecía el señor de Chad, el de Centroáfrica y el del Congo Brazzaville, quien acababa de dar una importante donación de divisas a un pueblo perdido de Andalucía. El gabinete de María Antonia se encargó de administrar este donativo, como también se encargó de administrar la finca adquirida por el benévolo presidente africano en el pueblo objeto de su magnánima donación. De Guinea, el gabinete madrileño recibía también encargos de gente prestigiosa, magnates y antiguos ministros, amigos todos de jefes de Estados africanos.

María Antonia y Eseng compartían un apartamento en el madrileño barrio de Salamanca, donde vive mucha gente poderosa, cerca del despacho donde trabajaba la española. Eseng acababa de terminar sus estudios y se encontraba en un momento en el que vacilaba entre volver a su tierra o iniciar una vida laboral en Europa, al lado de su novia. Al término de sus estudios, Eseng hizo un viaje de exploración a Malabo, para ver a los suyos y tantear el terreno. Le acompañó María Antonia, quien fue también la que costeó el viaje. Los dos llegaron a la conclusión de que a pesar de las bolsas de petróleo que chorreaban oro negro en Guinea era mejor para Eseng regresar a España, continuar el doctorado y buscar trabajo en Madrid. Durante su estancia en Malabo, la familia de Eseng no dejó a la pareja ir al hotel que había propuesto su novia. Estamos en familia, y así nos conocerás mejor, le dijo amablemente la madre de Eseng. María Antonia tuvo que soportar la hospitalidad africana que le impedía en parte compartir una total intimidad con su novio en el círculo familiar. En Madrid vivían los dos solitos en su pisito junto al metro Balboa. Lo que sí le agradó fue la grata disponibilidad de todos los miembros del clan familiar. Le agradó particularmente el recibimiento y trato de que les brindó Pancho durante toda su estancia en Bata, era el primo idóneo de la familia, el hombre que siempre tiene la solución adecuada a los mil problemas que agobian a los guineoecuatorianos en su vida cotidiana, como cuando llegaron al aeropuerto y sus maletas no aparecieron en la sala de recuperación de equipaje. Pancho entró en la oficina de aduanas, donde gesticulaba un enorme militar de alta graduación, reclamando el equipaje de su mujer que también venía de España. Pancho también se puso a gritar como el enorme militar. En Guinea cuando uno eleva la voz todos se callan porque creen que debe ser pariente de Su Excelencia. Pancho siguió pegando gritos en la sala de aduanas y al cabo de unos minutos, el primo de su novio salió con todo su equipaje, dos maletas y un gran bolso donde llevaban regalos para la familia. María Antonia nunca olvidaría ese viaje a Guinea, lleno de sorpresas y desenlaces inesperados. No comprendía cómo en el pueblo de Su Excelencia no existía ni la más mínima noción de derecho ni de justicia, en tanto que ese carota, como le llamaba María Antonia, reclamaba justicia y derecho para él para recuperar sus bienes mal adquiridos en Francia, Suiza y Estados Unidos. De repente sonó el teléfono de su apartamento y María Antonia descolgó el auricular.

—*Hola ¿quién es?*

—*Soy yo, Pancho.*

—*Hombre, Pancho ¿qué tal Malabo?*

—*No, no estoy en Malabo, estoy aquí.*

—*Aquí, ¿dónde?*

—*En Barajas.*

—*¿Cómo que en Barajas? Eseng no me ha dicho nada.*

—*Es que él no lo sabe, iba a daros una sorpresa.*

—*Y menuda sorpresa, ¿dónde te has quedado, quiero decir, ¿dónde te albergas?*

Pancho, que quería justamente pedirles unos días de albergue, se quedó dubitativo, no sabiendo qué decir.

—*Todavía no lo sé*— se oyó responder —*ya os lo comunico cuando llegue a la ciudad, aún estoy en el aeropuerto.*

—*Bueno, muy bien, te paso a Eseng, que acaba de llegar, nos vemos, chao.*

—*¡Hombre, Pancho!*— exclamó Eseng. —*¿Cómo es que llegas sin avisarnos? ¿Cómo está la familia?*

—*Pues bien, mira, todo ha sido muy rápido, ya sabes cómo son las cosas de Guinea, todo va aquí y ahí y así he viajado*

—*Muy bien, ¿dónde te has quedado? Así nos vemos este sábado, no, quiero decir domingo, porque durante la semana es imposible, María Antonia trabaja y yo he empezado otra vez unas clases en la universidad para sacar unas oposiciones y...*

—*¡Oye!*— cortó Pancho —*el problema que tengo ahora es que no sé dónde ir. He tenido oportunidad de salir de Guinea y no lo he pensado dos veces. Me vine y he llegado, sabes lo que es Guinea, ya estaba harto, he venido, estoy en el aeropuerto ¿qué hago ahora?*

Años atrás, cuando Guinea todavía pertenecía a los Territorios Españoles del Golfo de Guinea, un oficial español destinado a esas colonias también hizo la misma pregunta a su superior, una vez desembarcado en el puerto de Santa Isabel, procedente del puerto de Cádiz.

—*¡A sus órdenes, mi Comandante! ¿Qué hago ahora?*

El oficial, destinado a ser teniente de la Guardia Colonial hizo esa pregunta cuando aún tenía las tripas revueltas, la cabeza pesada y los oídos sordos, machacados por el continuo ronroneo del motor diésel de marca alemana, Magirus Deutz, que había estado propulsando el barco de la Compañía

155

Transmediterránea que le trajo de España a Guinea, desde Cádiz hasta Santa Isabel, en una travesía que duró dos semanas. El barco salió de la península e hizo escala en Las Palmas de Gran Canaria, tomó provisiones para el viaje y allí también subieron tres familias de comerciantes canarios instalados en Guinea; otra parada se hizo en Tenerife donde se encontraba material militar olvidado por Franco y su ejército de moros durante la guerra del 36. Este material olvidado de la Guerra Civil iba destinado ahora a la tropa colonial de Guinea y él mismo se hizo cargo. Luego el barco se detuvo en Dakar, entonces principal puerto del Senegal francés, donde también recuperaron provisiones para los colonos franceses de Camerún y Gabón; era un cargamento de cacahuete de Senegal, con un rótulo indicativo muy vistoso que anunciaba la mercancía, su marca y su procedencia; parte en francés, otra parte en inglés: *Arachide de Sénégal. Made in France*; también varias cajas de vinos de Francia con sus nombres y procedencias respectivas: Bordeaux, Bourgogne, Côte du Rhône, Côte de Provence, Roussillon, Languedoc, Savoie, Champange; las cajas de los vinos llevaban también patente comercial que indicaba igual y rigurosamente *Vins de France. Made in France*. Esa mercancía viajaba bajo protección de un funcionario francés con destino a la isla de Fernando Poo. Era este un hombre alto, impresionante, hecho a su medida y de mirada tosca, vestido a la última moda parisina del siglo XIX, vetusto y lustroso. El personaje era de esos que se declaraban del siglo de la *illustration française*, un espeso bigote brotaba de su labio superior cubriendo las fosas de su nariz un tanto respingona; el propietario de esa nariz se cubría también la cabeza con un *salacot*, sombrero colonial blanco ornado con colores de la bandera gala. El mismo membrete tricolor aparecía sellando las cajas de la mercancía que transportaba el francés de la *Illustration* a Guinea. Después se supo que se llamaba Monsieur Antoine Didier, nacido en la Argelia francesa, en la conflictiva región de Djerbala, sede de movimientos independentistas clandestinos. Pues aquello no le impidió ser futuro cónsul representante y defensor de intereses galos en la única tierra hispana del continente negro.

Herido en su amor propio, el también futuro teniente de la Guardia Colonial de los Territorios Españoles del Golfo de Guinea reaccionó, receloso, ante lo que consideraba una intrusión extranjera en las posesiones hispanas de África, porque los productos que transportaba el francés, pasando por la colonia española, constituían para el militar español, oriundo de tierras vascas, un reto y una demostración de prepotencia gala en un buque de soberanía española. El oficial se declaró en toque de queda, hizo una rápida inspección a los servicios logísticos del barco y encontró la respuesta adecuada a la agresión francesa. Había toda una barrera de resistencia antifrancesa en la bodega del barco digna del Dos de Mayo. Allí estaban aglutinadas todas las fuerzas de la reserva española contra Monsieur Didier, asimilado por las circunstancias a Pepe Botella. En la bodega del barco, el militar encontró varias divisiones de los mejores productos de la gastronomía española. Todas en orden de Batalla y en posición de tiro: pimientos de Gipuzkoa, bacalao de Bilbao, paella valenciana, pulpo de Vigo, aceitunas de Sevilla, sidra de Oviedo, mariscos de Baleares, jamón serrano, queso manchego, etc.; pero también buen vino español, de sus mejores regiones y tierras: Rioja, La Mancha, Alicante, Navarra, Tarragona, Málaga, Calatayud, Valdepeñas, Torremolinos, Ribera del Duero, incluso vino de las islas: El Hierro, Lanzarote, La Palma, y, finalmente, el de la capital, con un flamante rótulo *Vinos de Madrid*. Tras esa inspección de retaguardia, no sin algunos sorbos, eufórico, el oficial español se sintió seguro y triunfante durante el resto de la travesía. El barco hizo una última escala en Monrovia, capital de Liberia, donde embarcaron unos liberianos liberados de Estados Unidos y contratados por la administración colonial española. Embarcaban como trabajadores de la isla Fernando Poo, iban a ser futuros fernandinos, hoy llamados criollos en Guinea. Los nuevos viajeros embarcados se pusieron inmediatamente a las órdenes del oficial español que viajaba a Santa Isabel. El militar custodio se llamaba Basilio Olaechea Orruño, nacido el 14 de junio de 1920, en Baracaldo, provincia de Vizcaya. Antes, en tiempos de Franco, Vizcaya formaba parte de lo que se designaba pomposamente provincias vascongadas, hoy se las designa escuetamente País Vasco, Euskadi, en vasco.

En el país fang, en el universo esotérico de los guineanos, nada sucede en el mundo visible sin que haya sido provocado en el mundo invisible. Para el hombre africano, el azar no existe. Por eso muchos ven la gestación del Estado de la República de Guinea Ecuatorial no como un absurdo histórico, sino como una obra ancestral y trascendental, que corresponde a una serie de sucesos imprevistos y jamás imaginados. Hoy Guinea Ecuatorial es el único país hispano de África negra, también miembro teórico de la Comunidad de los Países de Lengua Portuguesa (CPLP), algo que invita a sonreír hoy, pero que corresponde efectivamente a la evolución histórica y al pasado guineano, pues son los portugueses los que llegan primero a los territorios guineanos actuales. Entre el siglo XVI y XVII, Portugal marca su presencia en las islas de Bioko y Annobón, pero no se arraiga debido a sus luchas con España. El 11 de marzo de 1778, Carlos III de España y María I de Portugal suscriben el tratado de San Idelfonso mediante el cual Portugal cede a España sus posesiones en el golfo de Guinea, principalmente la isla de Annobón y de Formosa, más tarde Fernando Poo, hoy Bioko. El 24 de octubre del mismo año, España organiza una expedición al mando del conde de Argelejo que toma posesión de las islas, pero pronto fallece.

España, en plena descomposición de su poderío, pasará muchos años sin volver a pisar tierra guineana, la cual continúa teóricamente bajo su dominio. Holandeses, ingleses y franceses aprovechan la ausencia de España para reducir sus posesiones. De 200.000 kilómetros cuadrados en el continente se quedará con menos de 30.000. Mientras, las expediciones de Julián Perón, de Manuel Iradier y de Tomás Iradier Bufly recorren la cuenca del Muni y de sus afluentes. Los límites actuales de Guinea fueron trazados durante la Conferencia internacional de Berlín (1884-1885). Un territorio trazado en un mapa que integra una banda continental rectangular, Río Muni, y las islas de Fernando Poo, Annobón, Corisco, Elobey Grande, Elobey Chico, Pemba y Cocoteros.

Cuando se forma el territorio guineano, su metrópoli, España, presenta un imperio antes *madre de naciones* prácticamente inexistente, en avanzado estado de descomposición, el país conoce una profunda crisis histórica, debido a la pérdida de sus últimas posesiones en Latinoamérica, principalmente Cuba (1898). *España me duele* es el grito que lanza entonces Miguel de Unamuno, gran figura literaria de la generación del 98. Unamuno va en busca de nuevas tierras para España en África y escribe el prólogo de uno de los libros que configuran la literatura colonial española en Guinea, con un título muy llamativo *En el país de los bubis. Escenas de la vida en Fernando Poo,* una obra de

José Mas Laglera que fue publicada en Madrid en 1931 por las ediciones Pueyo. Así comienza la obra de España en Guinea, una historia escrita desde la Península y trazada en África. En los años cincuenta, después de la Guerra del 36, España intensifica su poder en los territorios del golfo de Guinea. La recuperación económica de la España de la posguerra viene de la colonia africana, de Guinea se extraen buena madera, y productos agrícolas de primera necesidad: cacao, café, yuca, plátanos, caña de azúcar, cocos, aceite de palma, etc. El bosque guineano proporciona a la metrópoli especies preciadas como el okume, el nvé o palo rojo, pero también marfil proveniente de la caza de elefantes, productos altamente cotizados en el mercado internacional. Para rentabilizar la explotación colonial se crea el Patronato de Indígenas de los territorios del golfo de Guinea, por decreto presidencial del 7 de marzo de 1952, éste tiene dos Delegaciones: una para la región insular, otra en la región continental. Se trata de una institución de carácter público, con personalidad propia y capacidad para adquirir propiedades y enajenar todo tipo de bienes. La misión del Patronato de Indígenas, según rezan los textos de entonces, es fomentar la cultura para asegurar la protección del indígena, emancipados y no emancipados, mediante un tutelaje y asesoramiento en todos los campos, educativos, económicos, agrícolas y sanitarios para el buen desarrollo de los territorios españoles del golfo de Guinea. El 25 de enero de 1952 se inauguró la primera pista del aeropuerto de Bata, dos kilómetros de longitud con una anchura de 60 metros.

El decenio de los cincuenta será de importantes obras coloniales, prosperan empresas forestales por toda Guinea, plantaciones de café y cacao en la isla y fincas de piñas, cocos y palmeras en Río Muni. Se destacan grandes unidades de explotación forestal como Juan Jover, Alena, Garita, etc. En la isla de Bioko, entonces Fernando Poo, se coloca el primer puente sobre el río Basuola, dos puentes entre Baho Grande y Baho Pequeño; se construye un moderno secadero para productos agrícolas, cacao y café, dotado de un gran almacén para la Cooperativa indígena de Musola y en Moka. En Moka se instala un depósito regulador de abastecimiento de agua. En Santa Isabel, hoy Malabo, se construyen varios edificios funcionales: los servicios sanitarios, la Escuela Superior, el edificio de Correos, la emisora de Radio Santa Isabel y la casa para el Consejo de vecinos. En la parte continental se cubre de asfalto la carretera Bata-Ebebiyin, se construyen viviendas y talleres del Patronato de indígenas, edificios de Inspección de Trabajo y Servicios de Policía y de radio-comunicación; en río Benito, hoy Mbini, se construye la Comandancia de la Marina; en Kogo, antes Puerto Iradier, se instalan oficinas para los servicios del puerto, escuela y viviendas de funcionarios, un dispensario y hospital quirófano; en

Mikomeseng se abre una casa cuna; se construye un hospital en Nsork y en Niefang también un hospital y un dispensario.

En el marco administrativo, la máxima autoridad de la colonia es el gobernador general, nombrado en Madrid por la Presidencia del Gobierno, que ordena y manda con amplios poderes, legislativos y ejecutivos. El territorio colonial está dividido en cuatro Administraciones regionales: una en la isla de Fernando Poo y las tres restantes en Río Muni, Santa Isabel, Bata, Evinayong y Ebebiyín. Cada región territorial tiene sus distritos, administrados por delegados gubernativos, llamados entonces administradores territoriales. La región de Fernando Poo tiene dos distritos, Santa Isabel y San Carlos; Bata con Río Benito y Kogo; Evinayong con Niefang y Akurenam; Ebebiyin con Mikomeseng y Nsork. Más tarde en Bata se construye uno de los hospitales más importantes de la zona ecuatorial donde indígenas y europeos reciben los cuidados necesarios. La enseñanza va cobrando mayor importancia. La lengua española, el castellano, se habla corrientemente en las principales cabeceras de los distritos, es el idioma oficial y la lengua practicada en la administración. En Bata y Santa Isabel, la Escuela de Artes y Oficios forma a los indígenas en las especialidades de dibujante, mecánico, albañil, carpintero y otras ramas profesionales. El 13 de noviembre de 1951, por Orden de la Presidencia del Gobierno, se aprueban las Ordenanzas del Cuerpo de la Guardia Marítima Colonial, que viene a completar el dispositivo militar existente con la Guardia Territorial, inicialmente compuesta por cubanos negros y antiguos esclavos liberados.

Este despliegue español en el territorio guineano se hace con administradores enérgicos, muchos de ellos militares, hombres con determinación que dejan su huella en el proceso colonial hispano en África. Algunos se destacan por su tiranía, despotismo y desprecio por los indígenas, otros sobresalen sencillamente por su humanismo. Éste será el caso de un oficial español, el vasco Basilio Olaechea Orruño, comandante de infantería, más conocido en Guinea como *Comandante Olaechea*. Este vasco que nace en Baracaldo, Bilbao, llega a Ebebiyín, en el país fang, en el año cumbre de 1952 y se quedará 14 años como comandante jefe de la 3a Compañía de Ebebiyín y Administrador Regional del Sector Este. Entre 1952 y 1966, fecha de su salida de Guinea, el *Sr Olaa*, como le llamaban afectuosamente sus súbditos, se destacará no sólo por sus dotes de mando, sino también por sus cualidades morales y humanas, inspiradas por el humanismo cristiano pregonado entonces en el concordato firmado entre el régimen de Franco y el Estado Vaticano, la Santa Sede. Ebebiyín (en fang significa *la gente que apresa a los extranjeros*) es una de las regiones más arraigadas de Guinea por su tradicional autogestión en el contexto continental guineano, es la zona que cuenta con más densidad de población, la más dotada humanamente y la más dinámica económicamente. En Guinea, Ebebiyín es un territorio que se impone por su poderosa identidad regional, con peso específico propio no sólo en la región continental, sino también en el contexto nacional guineo-ecuatoriano, porque se trata de una región con personalidad propia, una cultura peculiar, que se desprende del sesgo etnolingüístico Ntumu, arraigada a su tierra, con fuerza atávica, con gente dotada de una mentalidad aparte, con una visión muy propia, diferente de la del resto de los guineanos. Cuando se llega a Ebebiyín, hoy capital de Kie Ntem, según la reciente organización administrativa, se entra en otro mundo guineano, en otro país, algo así como en el País Vasco en España. Territorio limítrofe, con dos fronteras diferentes, la de Gabón y la de Camerún, Ebebiyín es a la vez muro de protección nacional y puerta de entrada y salida en los intercambios que Guinea mantiene con sus dos grandes vecinos francófonos. Ebebiyín es el principal puerto franco guineano por donde transita la mercancía que llega de Camerún a través de los grandes puertos comerciales que son los mercados de Kie Osi y de Ambam, en territorio camerunés. La administración del territorio de Ebebiyín requiere muchos servicios del Estado, en particular las aduanas y la policía de fronteras. Ebebiyín y Kogo, en el estuario del Muni, son los dos puntos

estratégicos de mayor importancia en Guinea
Ecuatorial.

19

—Ahora a vivir, chico, ¡ya estás en Madrid!
— le dijo una voz muy familiar a sus espaldas. Pancho dio la vuelta y vio a su prima Nena, sonriéndole. Ella corrió a abrazarlo y Pancho por poco se cae, Nena, por su buena vida en España, había ganado unos buenos kilos, y él, Pancho, venía de Guinea, flaquito y famélico, como suelen venir los que bajan del avión que llega de Malabo. Los vuelos de Madrid a Malabo en la terminal T-4 constituyen siempre un formidable espectáculo digno de ver. Allí se reúne toda la sociedad guineana de España. Allí van las guineanas de Madrid, bien vestiditas con trajes vistosos para dejarse ver y ver a su vez a los mozos que van y vienen de Guinea; también a enterarse de las novedades de Malabo. Muchos que desde hace años no tienen noticias de su pueblo, basta con que den una vuelta por el aeropuerto el día del vuelo que viene de Guinea para enterarse de lo que pasa y encontrarse con un pariente desaparecido hace años. Cuando se espera el avión de Malabo en Madrid, muchos, guineanos y españoles, aprovechan para saldar cuentas pendientes entre viejos pendencieros. Otros, por el contrario, rentabilizan la numerosa presencia femenina para sus ligues. Los políticos también aprovechan el evento para recordar a los guineanos

que la oposición sigue en pie en el aeropuerto de Madrid, presta a saltar al primer avión de retorno al poder.

La llegada del vuelo de Malabo también atrae a nuevos ministros en funciones, de paso por Madrid. El ministro de Malabo que viene al aeropuerto suele ir acompañado de miembros de su familia que viven en la capital española. También aparecen miembros de la embajada guineana, se les distingue por su atuendo formal, traje de rigor, corbata de seda, zapatos lustrosos y la insignia del PDGE prendida en la solapa. Su presencia en el aeropuerto nunca se explica, no viajan, no esperan a nadie ni acompañan a una personalidad. Tampoco se les está permitido llevar valija diplomática en los aviones, desde que un destacado primer secretario de la embajada guineana de Madrid fue pillado con su valija repleta de estupefacientes provenientes de Malabo para su venta en España. El narcotraficante guineano, que era también amigo de Su Excelencia, fue expulsado de Madrid y nombrado ministro en Malabo por su odisea madrileña. Hoy, los diplomáticos que envía Guinea a España se limitan a dar vueltas en el aeropuerto, la inmensa sala de espera de T-4, esperando el despegue del avión guineano Ceiba. A veces observan a los que viajan y saludan con un gesto ambiguo a las personas sospechosas que conocen. Antes de la hora del embarque, la terminal ya está abarrotada de gente, todos hacen cola con grandes maletas y cargados de inmensos sacos de marinero. Se tiene la impresión de que toda la colonia guineana de España ha decidido regresar a Guinea. Pero no es así, cuando se inicia el embarque uno comprende lo que pasa, de entre las casi trescientas personas presentes sólo hay una treintena de viajeros que toman el vuelo rumbo a la excolonia, el resto de la asistencia ambulante, con maletas y bultos, son gente que ha venido a *acompañar* a los que se trasladan a Malabo. Los *acompañantes* no conocen a los viajeros, pero van a conocerse minutos antes del embarque y salida del avión.

—*Oye, por favor, hermano*— dice una mujer *acompañante* a uno que se prepara a embarcar en el avión —*¿puedes llevarme este bulto a Malabo? Es para mi hermanita, vive en el barrio Ela Nguema, te pago la sobrecarga y te doy también 50 euros por el servicio. Por favor, hermano.*

El aludido pone primero cara de pocos amigos, con aparente disgusto, pero al cabo de unos segundos responde con irritación a la mujer que quiere enviar un bulto a su hermana de Ela Nguema en Malabo.

—*Así sois, yo he estado aquí más de media hora, esperando en la cola, y nadie ha venido a verme para darme un encargo, ahora queda poco para embarcar y ya traes tu bulto.*

—*Perdona, hermano, es que yo no sabía que tu viajabas y la persona que tenía que llevar este paquete no ha viajado hoy, se le ha caducado el pasaporte, le han dicho en la embajada que pase a los servicios consulares la semana próxima para renovarlo, ya no puede viajar.*

—Muy bien y ¿cómo voy a reconocer a tu hermanita?

—No se preocupe, hermano, ella es la que te va a reconocer, trabaja en el mismo aeropuerto y la voy a llamar ahora con mi móvil. Yo tengo whatsapp.

—Oye espera, ¿tu hermana no es la chica delgadita, un poco alta, que siempre está en el control de aduanas?

—Claaaaaro, es ella, se llama Epet, Esperanza, en casa la llamamos Epet. Todo el mundo la conoce en el aeropuerto con el nombre de Epet. Si preguntas por Epet en el aeropuerto, la van a llamar enseguida, suele estar en la sala de las Autoridades, ella trabaja con Autoridades...

—Pues no hay problema, me llamo Antonio Biong Eyegue, soy de Bata de Kilómetro Cinco y un bisío para servirte. Yo trabajo en Malabo, en Geproyectos, creo que ella también me conoce. Tú sólo tienes que repetirle mi nombre, Biong, y sabrá...

—Hermano muchas gracias! Mira, también está mi amiga, ella también quiere mandar una maleta a sus hijos que viven en Malabo II.

—¿Esa mujer? Pero si hace poco hacía cola conmigo, yo pensaba que ella también viajaba como yo.

—No, no viaja, busca a una persona para llevarle la maleta a Malabo, espera, yo voy a hablar con ella. Te la va a pagar bien, su marido vive en Guinea, su marido es ministro.

—Hombre, ¿y ella cuándo viaja?

—Ella no viaja, es la que vive aquí en España, han comprado una casa en Parla y allí vive ella cuidando la casa que acaba de comprar su marido. Su marido es ministro.

—Vaya, vaya, pues que venga. ¿Doy la maleta al ministro?

—No, no, la vas a dar también a Epet, Epet es la que la dará a su marido, su marido es muy celoso, y suele estar en la sala de Autoridades porque es ministro y Epet es la que trabaja en la sala de Autoridades.

—Muy bien, así lo haré

—Gracias hermano. Diré a mi hermanita que te atienda bien cuando llegues a Malabo. ¿Está usted casado?

—Eh, estoy...

—No importa, Epet te atenderá, es una buena muchacha. No le traigas cosas de hombres, *eh. Buen viaje, hermano, es usted muy buena persona.*

Así viven los guineanos que van a esperar el vuelo de Malabo. Con encuentros, reconocimientos de parientes y parabienes. Pancho no salía de su asombro ni de su euforia, por primera vez desde su llegada a España respiraba hondo, con tranquilidad, se sentía protegido y en buenas manos. La llegada de Nena era como un milagro para él en aquellos momentos fatídicos de abatimiento y desesperación. Nena, la Nenita, había venido a rescatarle de aquel lugar tan iluminado que empezaba a transformarse en sala de pesadilla. Hizo un gesto amistoso a los dos guardias que los miraban sonriendo.

—*Por fin, ya vino tu hermana*— le dijo uno.

—*Sí, sí, ya llegó*— respondió.

Nena era así de imprevisible, le gustaba dar sorpresas.

—*¿Quién te ha dicho que estoy en el aeropuerto?*— le preguntó.

Nena le dijo que era su amante, Ndonangale. Pancho reconoció que fue su *cuñado*, Ndongnangale, uno de los muchos amantes de Nena en Guinea, quien le llevó al aeropuerto y se ocupó de facturar su maleta. Nena le dijo que su amante de Guinea le había enviado un paquete que se encontraba en su maleta.

—*No he visto ningún paquete, tampoco me ha entregada nada en mano*— manifestó Pancho a su prima —*pero vamos a abrir la maleta y veremos.*

—*No, no aquí, ahora no*— cortó Nena con precipitación —*vamos, salgamos de aquí, nos esperan fuera, ya es tiempo de salir de aquí.*

Los dos primos-hermanos, como se dice en Guinea, salieron del inmenso local y se dirigieron al aparcamiento, donde los esperaba un rutilante turismo de marca francesa, Renault 25, y dentro un hombre de tipo latinoamericano que impresionaba por su físico y tenía muy buenos modales, hablaba en voz baja y se dirigía a Nena con cierta deferencia. Nena hizo las presentaciones oficiales, éste es Arévalo, Arévalo, éste, mi primito preferido de la familia. Vamos a enseñarle un poco la geografía de España. Arévalo era un tipo duro que las mujeres sabían domar. Nena le dio lo que nunca pudo encontrar en su vida llena de percances y odiseas. Amor y ternura. Arévalo había cumplido cuarenta años, pero se le podían echar diez de menos. Los dos se quisieron en el primer momento en que se vieron, con el tiempo sus relaciones se profundizaron, Nena no lo trataba como a un amante, sino como a su hijo, ese amor filial caló en lo hondo del corazón de Arévalo, quien nunca pudo fundar un hogar, tampoco tuvo una infancia agradable. Su madre fue abandonada por su padre y tuvo que ganarse la vida sola. Empezó a salir a la calle a los siete años a buscar el sustento cotidiano, entonces vivían en un barrio pobre de un pueblo perdido en la selva colombiana, lleno de buscadores de oro, forasteros y forajidos. Perdió a su madre, una india guaraní, en el curso de un enfrentamiento entre las fuerzas regulares y la guerrilla colombiana, siendo recuperado por hombres de las FARC que le enseñaron todo lo que sabía hacer en la vida: manejo de armas de todo tipo, lucha cuerpo a cuerpo, mecánica de automóviles, supervivencia en la selva, protección y transporte de rehenes, narcotráfico y otras habilidades necesarias para sobrevivir en la jungla colombiana. Arévalo llegó a ser un perfecto experto de la guerrilla. Desde que conoció a Nena, acariciaba un nuevo sueño: ganar suficiente dinero en España, instalarse en Guinea con Nena y olvidar todo su pasado. En España, su trabajo de ayudante en el banco de alimentos le servía de cobertura idónea. Su verdadera actividad era el narcotráfico. Su encuentro con Nena no fue del todo fortuito, los dos se completaban. Arévalo era un as del volante y recorría enormes distancias en un tiempo récord; las diferentes bandas latinas que se dedicaban al narcotráfico en la Península lo utilizaban para distribuir su mercancía por todo el territorio español hasta Portugal. Arévalo se desenvolvía magníficamente, conocía perfectamente el sistema de control y vigilancia de las principales brigadas antidrogas de España. Cuando Nena y su primo subieron al coche, Arévalo fue a colocar la maleta de Pancho en el maletero, allí también recuperó el paquete que Nena decía le había mandado

Ndonangale desde Malabo. Dos kilos de cannabis y uno de cocaína. Ndonangale lo había camuflado perfectamente dentro de un gran envuelto de cacahuete, la espesa y opaca pasta del pastel tropical impedía todo tipo de detección de la ilícita sustancia que transportaba Pancho inocentemente. El pobre tembló de miedo cuando supo que había transportado estupefacientes desde Malabo hasta Madrid.

—*¿Queréis mandarme a la cárcel?*— protestó Pancho

—*Hace mucho que debías dormir en la bofia en Guinea*— dijo Nena —*por falsificación de documentos, malversación de fondos del Estado, violación flagrante del protocolo de la Administración del Estado, usurpación de identidad, usufructo ilegal de bienes públicos, corrupción, conspiración, insultos e injurias a Su Excelencia el Presidente de la República, atentado contra los distinguidos miembros de su augusta familia presidencial y también...*

—*Vale, vale*— cortó Pancho.

—*Ahora que os habéis encontrado*— dijo Arévalo que hasta el momento había guardado silencio.

—*Vamos a hacer un poco de turismo y conocer España para celebrar tu llegada.*

20

El biógrafo guineano del comandante Olaechea, Agustín Mañana M'Abaga, cuenta en sus memorias que el militar español fue un verdadero pionero de la acción civilizadora en el golfo de Guinea y escribe sobre todo que *Don Basilio Olaechea Oruño es uno de los españoles que han amado de verdad este país, Guinea Ecuatorial. Dio su vida de lleno para el desarrollo integral de los FANG en la Región continental en general y en la zona de Ebebiyín en particular cuando aún abarcaba hasta el distrito de Nsok-Nsomo en 1952.*

Se cuenta que cuando el Sr Olaa, apodo afectivo que le dieron los hombres de Ebebiyín, llegó a esta tierra no escatimó esfuerzo alguno para integrarse totalmente a los usos y costumbres de la gente y de los pueblos de Kie y Akonangui. No sólo se esmeraba en el trato con sus administrados en los sectores de su competencia, sino también participaba con mucho entusiasmo en otros ámbitos de la vida cotidiana. Muy pronto el español se dio cuenta del arraigo familiar de los africanos y en particular los Fang. Oleachea se esforzó en elaborar una lista donde figuraban nombres de estudiantes guineanos en la Península procedentes de Ebebiyín, la zona de su jurisdicción, anotando el nombre del establecimiento y ciudad donde cursaban los estudios. Cuando iba a pasar vacaciones en España visitaba a los estudiantes guineanos en la metrópoli, llevándoles noticias y paquetes enviados por sus familias. De regreso a Ebebiyín, el administrador hacía lo mismo con la familia que había quedado en el pueblo para darles noticias de sus hijos. Este servicio de recadero de larga distancia operó un gran acercamiento y estrechó sobremanera los lazos que tejía el militar con la población indígena y nativa de Ebebiyín. Durante su estancia en la región, el oficial administrador se entregó resueltamente a abrazar la cultura de los moradores del territorio de su jurisdicción, la cultura tradicional fang. En el bosque, don Basilio no se comportaba como un explorador europeo en territorio exótico, sino lo mismo que un fang en su propio entorno circundante. Conocía y dominaba las técnicas de supervivencia de los moradores de la selva ecuatorial. Era adepto del *Nfazoo*, la bebida de agua pura que salía del *ndjik*, liana del bosque que contiene agua no contaminada. Bastaba cortar una de sus innumerables ramas trepadoras que abundan en la selva y que abrazan las grandes especies de árboles gigantes del paraíso tropical. De sus cantimploras naturales, herméticamente cerradas en forma de largos tubos, brota siempre agua pura y clara que aplaca la sed del caminante de la selva. Se dice que Olaechea también practicó en sus faenas en el bosque la tradición ancestral de los fang en la caza de elefantes. El fang no come la carne de un elefante que se ha echado sobre su parte diestra al ser abatido.

Eso trae polémicas, disputas y peleas en la tribu. Un elefante mal caído, significa que ha sido mal abatido, lo cual implica, a su vez, que el cazador ha obrado mal con la naturaleza que ofrece al animal y también con los ancestros que lo han enviado. Un desagravio que provoca una maldición capaz de exterminar a todo un pueblo o una tribu, y finalmente, también la caída de un régimen, de un gobierno o de un rey. El rey Juan Carlos I de España empezó a tener problemas cuando se le vio junto a un elefante mal caído en la estepa africana.

La obra de Olaa en la demarcación de Ebebiyín fue ejemplar, primero el vasco estudió con mucha atención el personal humano que lo rodeaba en los principales poblados de aquel entonces. Los fang en su genealogía se dividen en tribus; tal como se cuenta en la biblia sobre las doce tribus de Judá, en realidad son tribus del pueblo Ekang, la etnia de la escritura oral y del verbo. En cada demarcación de su jurisdicción cada tribu fang dispone de su propia autoridad tribal tradicional. El Primer jefe es el máximo representante de su tribu en la gran asamblea comunitaria fang. En Ebebiyín el primer jefe que llamó la atención del comandante español fue Ndumu Ona, caudillo en su feudo, era el Primer jefe de la tribu Eseng, originario de Mbommang-Eseng y fijó residencia en Abang-Eseng en la periferia de la ciudad de Ebebiyín. Ndumu Ona daba mucha caña a los administradores españoles, tenía organizada su propia jurisdicción, mandaba a sus súbditos, organizaba tribunales y definía él mismo las penas resolviendo los pleitos sin referirse a la autoridad colonial española. Ndumu Ona denunciaba también el comportamiento prepotente de los colonos blancos. Se dice también que el líder Eseng no admitía que gente de su tribu fuera enviada a la *Bolsa*. Los españoles, para rentabilizar la producción de cacao de la isla de Fernando Poo, requisaban personal fang del continente para enviarlo a la isla. Cada jefe de tribu debía dar una cantidad determinada de gente de su tribu como mano de obra para el régimen colonial. Ndumu Ona, que se negaba a dar gratuitamente a su gente a la *Bolsa* española, recurría a un artificio que le funcionó, aprovechando el emplazamiento geo-estratégico de la ciudad de Ebebiyín, en la frontera con Camerún, el jefe fang mandaba capturar a muchos forasteros, la mayoría provenientes de Camerún y Gabón, que llevaba a los blancos como gente de su tribu para mandar a los cacaos de Fernando Poo. El jefe Eseng denunciaba el hecho de que los blancos se llevaban, por autoridad, a las chicas negras, muchas veces en contra de su voluntad, mientras que lo inverso apenas era concebible. Ndumu organizó entonces una campaña para que los mozos negros hicieran lo propio con las blancas. Cuando estalló la guerra civil española, aprovechando la confusión que se organizó en la administración colonial, el hombre de Ebebiyín se llevó a una europea a su finca de Alom, que se encontraba lejos de la ciudad de Ebebiyín. Tras el triunfo franquista, la administración colonial condenó al jefe rebelde, por rapto de una española. La española abogó por su intrépido caballero negro y el jefe Eseng sólo tuvo una pena de destierro en la isla de Annobón.

Otro jefe famoso, con quien tuvo que contar el administrador vasco fue Oyono Mbo Eseng, también Primer jefe de la tribu Eseng del poblado de Bitet-Eseng. Éste era disidente del poder colonial y aprovechaba su situación, como jefe de su tribu, para llevar la contestación anticolonial. Llevaba dos apodos entre sus administrados fang, el primero era *Mbé wa djoé mimbeng* (que significaba el feo –el negro– que manda a los guapos –los blancos–); el otro apodo revolucionario era *Okukut wa djoé bokuma* (el pobre –el colonizado– que manda a los ricos –los colonos–): Mbo Eseng tenía dotes de mando y se le atribuían poderes paranormales de brujería. Se decía en Ebebiyín que Mbo Eseng era uno de los jefes inevitables del mando nocturno. Se decía que su hechizo le venía del famoso poblado de Eseng-Obort-Nkú (los Eseng del Viejo Tam Tam), un pueblo mítico del distrito de Ebebiyín. También se destacaron otros notables del distrito en los tiempos de Olaechea y fueron sus principales interlocutores: Ondo Eseiñg, del linaje de Mengué Mbomío, de la tribu Nsomo, oriundo del pueblo de Bidobo, de él se dice que era un filántropo y para Olaoechea, era un gran productor agrícola con extensas plantaciones de café. Otro jefe fue Elá

Ndong Ovono, jefe de la tribu Efak y predecesor de Salvador Ndong Ekang, héroe de la independencia guineana. Elá Ndong impresionaba con presencia y se pertrechaba como los héroes míticos de la leyenda del Engong, la canción de gesta de los Ekang y siempre iba con el torso desnudo, el pecho pintado de cal y bañado por el aceite fang *baa* de color rojo. También se destacó Ekieñg Evuna, Primer jefe de la tribu Mibomam del poblado de mekak-Alen. Otro fue Antonino Bikoro, Primer jefe de la tribu Esatop, hispanófilo, imitaba los gestos del oficial español y era muy amigo de Olaeochea. Otra personalidad que recibía con frecuencia a Olaa en su poblado era Ndeñg Metogo Eya, de la tribu Nsomo, apodado *Muan Nsomoamang*. Entonces los pueblos más destacados de la comarca eran Bidjabijan Esasom, Nsuamang Nsomo, Alen Anguak, Okong Oyec, Meduma-Nsomo, Ngoñg-Efac, Ayogan-Miboman, Aton-Nsomo, Beayob-Nsomo, Bilé-Osi, Misaa-Eseng, Akoc-Akam, Obadjomo, Oveng-Eseng, Mbedum-Yefac, Ndumu-Eseng, Esong-Esasom, Esong-Esamongom, Olong-Midjimioveng, Ngokua-Eseng (pueblo del padre Luis María Ondó Maye), Akam-Nsomo, Adjap-Esandón, Efac-Atut, Acam-Onvang...

Una vez entronizado jefe en el país fang, entre los otros jefes fang de la comarca, el vasco español se internó en la selva de los africanos, cuya actividad suprema era la caza mayor, la caza de elefantes. El elefante en el universo fang tiene una dimensión humana, con la misma ascendencia ancestral. Cualquiera no caza ni mata impune ni gratuitamente a ese enorme plantígrado. La caza de este gigante de la selva africana corresponde a un acto ritual, no se trata de realizar una aventura en la espesura. El espectro del elefante evoca una de las formas del diálogo que el hombre fang mantiene con sus ancestros en el bosque y con el mundo del más allá. El elefante simboliza el espíritu de la abundancia que asegura un reparto equitativo entre las familias. La caza del elefante proporciona carne abundante para la población, ésta a su vez hace un ofertorio a los muertos que les han ofrecido el elefante cazado, organizando un gran *sálaca*, ágapes, en un lugar secreto de la selva en honor de los ancestros. Durante esa ofrenda se brinda por las fuerzas que gobiernan y mandan, que son los espíritus. En la comunidad fang siempre se destacan hombres intrépidos, cazadores expertos cuyo único oficio es la caza de elefante. Este animal tiene cualidades paranormales que le elevan al grado del ser supremo de la selva fang. Sus lazos sagrados con el mundo ancestral son incuestionables en la cosmogonía bantú. La caza de un paquidermo se prepara en el mundo de los muertos. Son parientes fallecidos que se reúnen en el mundo soterrado para confeccionar un banco de alimentos que envían a sus descendientes que siguen en el mundo visible. Cada trozo de carne, cada parte de elefante corresponde a una bolsa de comida enviada a una familia concreta por las almas soterradas como testimonio de ultratumba. La carne de elefante proviene del mundo ancestral, por eso los fang respetan escrupulosamente el código ritual de la selva durante la caza y el reparto del gran mamífero. Para su batida, el cazador avezado saca unos ungüentos que conserva en el cuerno de un venado, los mezcla con excrementos propios, o de una persona venerable de la tribu donde tiene lugar la caza. Se mezcla este extraño compuesto con hierbas especiales y se quema con fuego, dispersando el humo que sale por todo el bosque. El cazador silba con su cuerno llamando a la manada, mientras el humo desprendido en la selva atrae al rebaño de elefantes más cercano. Los hombres escondidos observan el rebaño sin ser vistos por los paquidermos, hasta que el cazador, por su especial predisposición elige su presa, generalmente suele ser el elefante más grande y también el más viejo del rebaño. Es el que se sacrifica por todos y protege al resto de la manada. Este animal no estaba antes en el rebaño, es el que los ancestros han enviado y colocado en el momento justo para el tiro. El cazador dispara dos veces y no más, una bala en pleno encéfalo y la otra directo a su corazón. Alcanzado mortalmente el elefante cae acostándose por su lado izquierdo, que es señal de gozo y felicidad. Da su carne a la colectividad. El pueblo llega también satisfecho, con el griterío alegre de las mujeres y el alboroto de los niños, agradeciendo a los ancestros en sus tumbas. Empieza la ceremonia del *Ebasok* ritual de reparto de la carne de elefante. Se reparte la carne a todo el pueblo, siguiendo la pauta trazada por la tradición; primero se corta su cola que se planta en el suelo para inmovilizar su alma, luego se cortan la trompa y las orejas, pero se cubre la cabeza del animal que se esconde a la vista de la gente, para evitar que se transforme en cabeza humana. Porque se trata en realidad de un hombre que se ha sacrificado para el abastecimiento del pueblo. Se descuartiza el cuerpo según un riguroso protocolo, primero se vacía su vientre, se sacan las tripas, corazón y pulmones; luego se cortan en trozos las extremidades superiores, seguidas de las extremidades inferiores, se atacan las costillas, primero la diestra y luego la siniestra, al final se trocea el tronco, por último, se trocea la cabeza. Se va repartiendo la carne a medida que se va descuartizando el monstruo caído, de modo que ya no queda nadie en el lugar del reparto cuando se llega al del último trozo de carne, todo el poblado ya he recibido su parte. Entonces llegan los videntes para agradecer a los ancestros con ritos y gestos de agradecimiento a los espíritus de la selva. Así se termina la ceremonia del *Ebasok*, se levanta la sesión. Todos regresan al pueblo y nadie debe volver atrás ni regresar de inmediato al lugar donde ha tenido la sesión del *Ebasok*. Porque detrás han acudido espíritus llamados a saciarse de la sangre fresca del animal muerto. El encontronazo sería mortal para el transgresor de la ley.

La leyenda del *Ebasok*, caza y reparto de elefante, salió de Ebebiyín de Akonangui para llegar a Baracaldo de Bilbao. Baracaldo hoy se escribe con k, en vasco, Barakaldo, y es una comunidad urbana que tras el franquismo ha recuperado su verdadera personalidad, identidad y nombre, al igual que el resto de las poblaciones vascas, como es el caso de San Sebastián, en vasco, Donosti. Barakaldo es un pueblo que tiene su propia historia, una geografía peculiar y sus señas de identidad. Hoy es un municipio que se ubica en la comarca que los mismos bilbaínos denominan Gran Bilbao, en la margen izquierda del río Nervión. Barakaldo dejó de ser pueblo, arrabal y espacio rural cuando fue atrapado por la rápida y arrolladora industrialización urbana que provocó la intensa actividad económica, como consecuencia de la implantación de la industria avanzada en el País Vasco. De pueblo rural, Barakaldo pasó a ser ciudad industrial, actualmente es el municipio con mayor densidad de población en Euskadi, sólo superado por las capitales, Bilbao, San Sebastián, Vitoria. La ciudad natal de Basilio Olaechea presenta el mismo aspecto próspero, de corte europeo, de la mayoría de las ciudades del norte de España, con una actividad industrial todavía muy presente, a la que se añade también un desarrollo continuado del sector terciario, administración, servicios y turismo, con la formación de nuevas urbanizaciones, conjuntos residenciales y polígonos modernos polivalentes con espacios de ocio. Son nuevas plantas construidas con normas modernas y dotadas de estructuras dinámicas, comercios, supermercados, librerías, bibliotecas, con una variada oferta de actividades sociales que contribuyen a la animación del sector económico con la organización de ferias, verbenas, competiciones deportivas y demás actividades culturales.

Barakaldo es también una de las aglomeraciones destacadas en Euskadi por su progreso social en materia de género, la lucha por la diversidad y contra las desigualdades sociales. En 2019 el plan de empleo de Barakaldo contaba con 1,4 millones de euros. El mismo año la ciudad puso en su ayuntamiento por segunda vez a una alcaldesa, Amaya Campo, figura destacada que representa muy bien el espíritu y la modernidad del pueblo donde nació don Basillo Oleachea Orruño el día 14 de junio de 1920. Otra figura contemporánea del pueblo natal de Oleachea la encarna el joven escritor barakaldés, autor del libro *Despertar tecnológico* que es una crónca sobre la derrota de la democracia frente al capital. Cada año Barakaldo es una de las muchas ciudades de España que celebra con entusiasmo el Día Internacional del Orgullo LGTBI. Para dar visibilidad a este colectivo en el municipio el Ayuntamiento empezó a pintar de colores los bancos de la ciudad. La calle Zaballa de Barakaldo fue la primera en hacer brillar los colores LGTBI en sus bancos. Barakaldo sabe también compaginar modernidad y tradición, todos los años la ciudad celebra su fiesta patronal del pueblo cuyas festividades duran una semana. El Carmerak, la

Virgen del Carmen que se festeja en el mes de junio. A pesar del paso de los años y de la lejanía, en tiempo y espacio, el alma de Oleachea sigue flotando en África y sus ideales siguen intactos en Barakaldo, su patria chica.

De padres vascos, Olaechea cursa los estudios primarios en su pueblo natal. En 1932 termina sus estudios de bachillerato superior. En estos momentos España vive uno de los momentos más revueltos de su historia contemporánea, heredado del siglo anterior por la pérdida de territorios y de sus últimos dominios en América Latina. El comienzo del siglo XX pilla a la madre patria en plena crisis de identidad y viene a socavar los cimientos de su modelo de Estado hasta entonces imperio-monárquico. Contrario a lo que muchos llegan a pensar, los pueblos de España que se encuentran geográficamente en la periferia, País Vasco, Asturias, Extremadura, Galicia y Cataluña, no se sienten como tales porque nunca han perdido protagonismo en el desarrollo y la evolución de la historia de la península. Son pueblos que tienen la particularidad de actuar desde su propio *centro*, el protagonismo español no depende del centro geográfico, no viene de Madrid, como es el caso de París en Francia. El centro de España está en todas las regiones peninsulares, España aglutina un mosaico de pueblos. De este modo, en Euskadi, en los años treinta, se refleja la situación general, con coloración local, con un complejo juego de tendencias entre nacionalistas vascos, tradición-alistas y socialistas. En aquellas fechas el tema dominante en la sociedad vasca es la elaboración de su Estatuto, una tarea llevada a cabo por la Sociedad de Estudios Vascos y el reto era de talla. Los vascos querían recuperar la unidad perdida con el reino de Navarra en la Edad Media, la realización del viejo sueño de la gran Vasconia. Éste es un proceso complicado en un momento también complejo. En la Edad Media fueron las tres provincias Alava, Guipúzcoa y Vizcaya quienes se separaron del reino de Navarra para probar suerte en Castilla, ahora eran las mismas provincias quienes reclamaban su reintegro en Navarra para formar la nueva Vasconia, el gran País Vasco soñado.

21

La repentina llegada de la República española sorprende a los vascos con su iniciativa a medias como lo comenta Eugenio Ibarzabal en su obra *50 años de nacionalismo vasco 1928-1978*: *No esperábamos la llegada de la República*, escribe, *pensábamos que iba a tardar bastante más, que aquello necesitaba madurarse, que sucedería un 'interregno' más o menos blando que provocaría manifestaciones y traería la República.*

Este análisis erróneo fue caótico para los vascos. Porque, paradójicamente, era el País Vasco, en aquel entonces, uno de los territorios mejor preparados para asegurar una transición de talla de pasar de un régimen monárquico a una República. El País Vasco ofrecía todas las garantías por su estabilidad y madurez, su clase política contaba con personal responsable y, sobre todo, arraigado a su tierra. Las fuerzas políticas españolas que abogaban por una República decidieron reunirse en Euskadi. En agosto de 1930, tuvo lugar el famoso Pacto de San Sebastián, por iniciativa de los principales líderes, Manuel Azaña, Indalecio Prieto, y Aniceto Alcalá Zamora. En este Pacto que se hace en tierras ikurriñas se aprueba el Estatuto de Cataluña. Sin embargo, en San Sebastián, en la playa de la Concha, nadie habla del futuro del País Vasco. Desde su

Barakaldo natal, el joven Olaechea, futuro oficial de colonias, observa escandalizado el curso de los acontecimientos. En Madrid son los socialistas y hombres de izquierda los que llevan la voz cantante, mientras que, en su propio pueblo, en Bilbao y en Álava, los socialistas son menos. Otro agravante es que, tras la proclamación de la República, se vive en toda España un impresionante clima anticlerical, caracterizado por la quema de iglesias, mientras que en el País Vasco el cristianismo está arraigado en la ciudadanía, sale a la calle, en medio de un régimen de libertad y de tolerancia. Para colmo, el nuevo gobierno republicano de Madrid reconoce la Generalitat de Cataluña, pero niega obstinadamente el Estatuto Vasco-Navarro. En septiembre de 1931 una delegación de ediles del País Vasco viaja a Madrid para entrevistarse con Alcalá Zamora, presidente del Gobierno, éste les ningunea, negándoles audiencia.

Diez años antes del nacimiento de Olaechea, en Europa llega la hora de los fascismos, una ideología surgida de la mezcla del nacionalismo popular y del autoritarismo militar: en Italia, en octubre de 1922, Benito Mussolini marcha sobre Roma; en España, el 13 de sptiembre de 1923 el general Primo de Rivera da su golpe de Estado; en Portugal, en el año 1926, Gomes da Costa se hace con el poder; en Polonia como un eco, un oscuro personaje, casi un espontáneo, Pididsuski llega al poder; en Grecia aparece Venizeclos y Alejandro I en Yugoslavia ; son regímenes populistas y autoritarios que en un primer momento inspiran cierto interés y se extienden por América en el decenio de los años 30, con Perón en Argentina como principal referente. Pero la verdadera encarnación del fascismo vendrá de Alemania con Adolfo Hitler, con un fascismo agresivo, violento y brutal que desencadenará la Segunda Guerra Mundial y transformará radicalmente la faz de Europa. En España, el fascismo muestra su cara blanda con la también dictablanda de Primo de Rivera, quien gobierna con la complicidad de un aliado soterrado que no dice su nombre ni lo que hace, pero que se encuentra en los sectores de la izquierda, principalmente en la Unión General de Trabajadores (UGT) y en el Partido Socialista Obrero Español (PSOE). Es una impostura que incomodará a toda la clase política, hasta su doble desenlace: la proclamación de la República, tras las elecciones del 14 de abril de 1931, y la consiguiente abdicación del rey Alfonso XIII. España entra en una nueva fase política que nadie había previsto, con un régimen que nadie conocía. Una nueva fase donde los monárquicos tomaban cartas en un régimen republicano. Con tantos rollos de difícil entendimiento, la experiencia republicana española terminará en un baño de sangre, que será un ensayo general de lo que pasaría más tarde en el resto de Europa. Se dice que la República pudo haber sido una oportunidad histórica para España, por algunos avances esbozados: liberación de tierras confiscadas por la Iglesia y la monarquía, en Andalucía los obreros agrarios practican el comunismo comunitario en tierras confiscadas a destacados caciques; otros hacen representaciones de la obra de Valle Inclán o del ruedo ibérico en las propiedades de los grandes hacendados que viven en Madrid. En todo el territorio se habla de voluntad popular; en Madrid se asiste a un gobierno de separación entre el Estado y la Iglesia, un eterno cordón umbilical hispano que aún se ve hoy en Guinea Ecuatorial entre el PDGE, el partido en el poder y la jerarquía del clero guineano. Se declara la disolución de la poderosa compañía de Jesús y Se aprueba el voto femenino. Con esas medidas se creyó vislumbrar el fulgor del siglo XX. Pero nada de eso se pudo consolidar, porque fue sin contar con el avance fulminante del fascismo en Europa. España cayó presa de los dos grandes lobos que aullaban entonces en el continente europeo: Italia y Alemania. El fascismo italiano, unido al nazismo germánico ya habían iniciado la ocupación de Europa con invasiones y bombardeos indiscriminados, asesinatos en masa, ejecuciones extrajudiciales en plazas y lugares públicos para generar miedo y aplacar todo tipo de protestas. Es en este contexto cuando interviene el golpe de Estado del general Mola y sus amigos, Franco y séquito. El golpe de Estado de los militares no fue contra la República, sino contra el gobierno en el poder en Madrid. Más tarde, cuando muere el general Mola en un accidente de aviación, Franco se hace con el poder y no instala al rey, Alfonso XIII, ni a su hijo el príncipe Juan de Borbón, en el poder. Todo lo contrario, se comporta como sus dos aliados, Hitler y Mussolini, como un perfecto autócrata. Los militares golpistas tuvieron aliados importantes, con efectivos de los dos mejores ejércitos europeos del momento, el alemán y el italiano. La guerra civil española (1936/39) fue un preludio de la Segunda Guerra Mundial. Un inmenso campo de horror que Picasso retrató en un cuadro para la eternidad: Guernica.

El conflicto español pilla a Olaechea como a todos los vascos de entonces, en un periodo de incertidumbre política y de cuestionamiento de identidades y nacionalidades. En Navarra predomina el activismo de los requetés, en Álava la izquierda y los nacionalistas vascos llevan una eterna guerrilla a capa y espada; en el resto de España el grueso de las fuerzas de izquierda se ha conformado con el golpe blando de Primo de Rivera y han colaborado con su régimen. A esos se les critica por oportunismo. De igual modo aprovecharán también buenamente las torpes maniobras del nuevo jerarca que ha reemplazado a Primo de Rivera, el general Berenguer, quien ofrece el poder en bandeja a los futuros gobernantes que elaboran la futura república. En Euskadi, el Partido Nacionalista Vasco (PNV) no ha participado en el Pacto republicano de San Sebastián. El joven Olaechea no ve nada claro en todo ese barullo político. Es un hombre de convicciones y va en busca de un mundo seguro, por eso entra en la armada donde va a seguir un itinerario clásico de militar profesional. Después de una primera incursión en el frente de Burgos, el futuro comandante de colonias es herido en diciembre de 1936. Recibe formación militar en una Academia de Alféreces. En 1939 forma parte del cuerpo de ejército de los nacionales que entra en Cataluña y llega a Barcelona. Terminada la contienda, Olaechea recibe de nuevo una formación de oficial y en 1944 es promovido teniente de Infantería. Dos años más tarde es destinado a la plaza de Santa Isabel como oficial de la Guardia Colonial de los Territorios Españoles del Golfo de Guinea. Tras pasar dos años en la isla de Fernando Póo, el militar vasco recibe nuevo destino en la región continental, primero en Akurenam y luego en Ebebiyín, ciudad donde va a desplegar todas sus cualidades y dotes de mando. Nombrado capitán Olaechea se hace cargo de la Administración Regional de Ebebiyín y de la Tercera Compañía del Sector Este del cuerpo del Ejército colonial español en Guinea. En Ebebiyín, Olaechea se dedica de lleno a lo que él considera como la misión de su vida, un servicio que le ha sido encomendada por España en Guinea. Por primera vez en su vida Olaa se encuentra con un mandato expreso, una situación política clara, un clima tropical aceptable que se asemeja al clima montañoso y lluvioso de sus tierras vascas, con un entorno humano apegado a su tierra, similar al arraigo que manifiestan los de Euskadi. Con todos estos componentes a su favor el militar español emprende su acción dinámica de levantamiento de una sociedad en el seno de la selva africana.

Contrario al resto de la oficialidad de aquel entonces, el vasco no profesa el credo franquista del Movimiento. Olaa era monárquico y no perdonaba a los militantes de izquierda a quienes culpaba de todos los males de España, incluido su colaboracionismo con la dictadura de Primo de Rivera que desembocó en la proclamación de la República y los desmanes durante el régimen republicano hasta el estallido de la guerra civil. En Bilbao su entorno había sido monárquico y tradicionalista, militaba por la promoción de la identidad vasca. En su biblioteca tenía varios tratados de la Sociedad de Estudios Vascos y algunos números de la revista Euskaleria, prohibida por la censura franquista, pero que el oficial guardaba celosamente en su sitio de lectura. Un gran cuadro dominaba la alcoba donde guardaba sus libros en Ebebiyín, era una foto del rey Alfonso XIII donde aparecía en compañía de los obispos vascos. La foto fue tomada en 1918, en Oñate, durante la inauguración del Congreso de Estudios Vascos. Éste era Olaechea, español y vasco, monárquico y antifascista, militar y liberal, amante de la cultura africana a la que abrazó rotundamente cuando pisó la tierra de Guinea. Su obra colonial fue considerada por los mismos nativos de Ebebiyín como pionera en la edificación de la sociedad guineana. Por eso fue considerado como hijo adoptivo de los hombres de Akonangui en tierras de Acamayong. Akonangui y Acamayong, que son los otros atributos con los que se designa la comunidad de Ebebiyín, actual capital de Kie Ntem, donde el militar español dejó su leyenda. Fomentó varias obras en Ebebiyín y promocionó varias actividades culturales.

Se organizaba un importante evento cultural aquel día en la Universidad de Cádiz. Nena, Arévalo y Pancho llegaron muy de mañana, habían rodado toda la noche en coche, desde Madrid hasta Cádiz, pasando por Sevilla. Pancho se encontraba cansado y se quejaba. El guineano acababa de contabilizar 12 horas de viaje seguidas, las seis horas pasadas entre Malabo y Madrid, a bordo de un vuelo comercial de la compañía guineana Ceiba, sumadas a las otras seis horas en coche que cubrían el trayecto desde la capital española hasta la punta sur de la Península, Cádiz. Sin contar la hora de angustia que pasó esperando en la famosa sala de espera de T-4.

—*Pensé que íbamos a quedarnos en Madrid, ahora estamos en Cádiz, ¿aquí me quedo?*— preguntó Pancho a su prima.

—*No, no, je, je, hijo, has traído un paquete que contiene algo que pertenece a mucha gente, pues hacemos el servicio de correos dando a cada uno su sobre. Tú tranquilo, tendrás también tu parte, en efectivo*— le dijo la Nena.

—*Ah sí, traje muy pocos euros y no pude cambiar los Francos CFA en Malabo. Y, dime, ¿qué es lo que traje en realidad?*

—*Pues si no sabes lo que has traído, olvídalo, pero has cumplido una buena misión. Ahora vas a quedarte aquí en Cádiz, hemos reservado una habitación en un albergue, y mesa en el restaurante de abajo. Comida y cena, volvemos de noche.*

—*¿Me quedo solo, y vosotros?*

—*Nosotros vamos a Inglaterra.*

—*¿A Inglaterra?*

—*No, vamos aquí cerca, al Peñón de Gibraltar, es tierra inglesa*— le aseguró Arévalo.

—*De regreso, volvemos todos a Madrid, finalmente vas a vivir en Bilbao, tú decías de pequeño que querías ir a vivir al pueblo de Olee, el amigo del abuelo, pues ya es hora.*

Nena sabía organizar las cosas. Antes de la llegada de Pancho, su chico de Malabo, Ndonangale, la llamó notificando que le iba a enviar un paquete. A Malabo, con el boom petrolífero guineano llegó también el auge de negocios de todo tipo. El crudo guineano se lo llevan los americanos, dejan unas pocas migajas que sólo caen en los bolsillos de los que mandan en Guinea. El resto de la población se queda marginada y en la pobreza como antes. Pero los guineanos tienen una imaginación desbordante, aprovechan la coyuntura creada por la economía del petróleo, con el incremento del número de extranjeros en el país, que conlleva también el aumento de la delincuencia: atracos, robos, desfalcos y también narcotráfico. El tráfico aéreo en Guinea ha experimentado un aumento espectacular y no solo se trata de hombres y mercancías que viajan legalmente, sino también de productos de contrabando, maletas de divisas que se van y sacos de droga que llegan. A Guinea llega un excedente de droga que no encuentra consumidores locales, los más avispados lo reexpiden buenamente hacia los mercados más solventes y rentables de Europa y África del Sur. Ndonanagale era uno de esos avispados guineanos que había descubierto su pozo de petróleo en la reventa de droga que llegaba a Guinea procedente de varios puntos del globo, fundamentalmente de América, desde Brasil y Colombia. En España estaba la Nena, que recibía la mercancía y la distribuía con Arévalo en su coche. La pareja ya tenía su propia red de distribución y obtenía sustanciosas ganancias, que la Nena supo a su vez invertir, situando a chicas que trabajaban para ella en los principales puntos de venta. Todas las chicas querían *cooperar* con Nena. La guineana las situaba en los puestos más rentables, en paradores y sitios discretos con mucha afluencia de camioneros, pero también de la nueva clase pudiente generada por el famoso *milagro económico español* de comienzos del decenio de los años 2000. Las chicas se quedaban lo que ellas mismas ganaban con su culo, que no era poco, Nena sólo cobraba la venta de la droga.

Cuando salieron de Madrid con Pancho, pasaron por Ciudad Real, a dejar un kilo, bajaron a Córdoba, a dejar otro medio kilo, en Sevilla dejaron dos kilos, la vendedora que operaba al pie de la Giralda era una chica de cara inocente que acababa de llegar de Guinea, se llamaba María Dolores Ayecaba. A los sevillanos les caía muy bien aquella niña de cara inocente con nombre de cuaresma, María Dolores. De día, Ayecaba estudiaba secretariado en un colegio de monjas y de noche se iba de juerga y enseñaba su culo. Tenía clientes en todas partes, empezaba en la Giralda, continuaba en la Catedral y terminaba su ronda en la Universidad. Los domingos iba a la plaza de toros y las noches del sábado acudía al caluroso barrio del Carmen. A veces no sabía lo que más querían sus clientes, su cuerpo o la droga que vendía. Con el dinero que ganaba empezó a construir un chalet en Guinea en un terreno que compró en Malabo II, hizo venir a su hermanita a España, le buscó piso en Carmona, para que ella también *coopere*, trajo también a su hermano y le pagó la matrícula en la Complutense de Madrid para sus estudios de abogado. Era una de las mejores amigas de Nena, una colaboradora eficaz. A veces Nena se la llevaba a Málaga, a Marbella y a Gibraltar a *hacer vida* como decía en los momentos de euforia.

Tras instalar a Pancho en un hostal muy concurrido de Cádiz, el *Melting Pot*, muy frecuentado por jóvenes y estudiantes, situado en un barrio con buena vista, entre el Mar mediterráneo y el océano Atlántico, la Nena y su pareja fueron a vender los dos kilos de droga que les quedaban en la ciudad de Gibraltar a una clientela inglesa cuyas direcciones conocían ya de memoria. Esa venta personalizada era mucho más segura, cómoda y rentable. Los clientes eran todos grandes señores ingleses y ricos, pagaban el doble del precio estipulado e invitaban a la pareja a quedarse a pasar juntos unos momentos de bienestar. A veces Arévalo dejaba sola a Nena con el cliente. Otras veces era Nena la que tenía que esperar al latino cuando se trataba de una señora muy insistente. Así pasaban todo el día en el Peñón. Nena había dado instrucciones a Pancho para disfrazarse de estudiante guineano y asistir a una importante conferencia que se daba en la Universidad de Cádiz aquel sábado, así podía esperarles todo el día sin aburrirse.

—*Si no soy estudiante... además mi español de Guinea suena muy mal aquí*— protestó Pancho, pero Arévalo le calmó.

—*Mira, la mayoría de la gente aquí tiene un acento que suena mal porque muchos son turistas y en la universidad muchos también son extranjeros, yo tengo acento colombiano, el de Nena ya es madrileño, te las apañarás y disfruta tu primer día en España y con andaluces. ¿Sabes? Estás en una ciudad histórica, en 1812 se proclamó aquí la constitución de Cádiz. Vosotros deberíais hacer lo mismo en Guinea.*

—Además, si te pasa algo, vas a ver a una profesora que atiende a todos— argumentó Nena *— ella es la responsable de las conferencias, todos los africanos la adoran y ella conoce a todos los guineanos. Ve a saludarla cuando llegues, se llama María, si le dices que llegas de Guinea a lo mejor te ofrece una plaza en el palco, para que hables de Ebebiyín, aquí todos ya conocen lo que pasa en Malabo y en Bata. Faltan noticias de Ebebiyín.*

Cuando Arévalo y Nena se fueron, Pancho salió del hostal, camino de la Universidad. Perdió mucho tiempo porque la ciudad le resultaba preciosa y la gente simpática, era verano, hacía mucho calor y le gustaba porque no sudaba, no era el calor húmedo que empapaba la camisa como en Malabo. Le costó mucho dar con el establecimiento porque no estaba acostumbrado a orientarse con un plano, el plano se lo dieron en el hostal. De modo que prefirió orientarse preguntando de boca en boca, hasta que una muchacha simpática que iba también a la misma conferencia lo llevó de la mano hasta la sala del evento. Pancho se quedó impresionado por la grata organización; *nunca seremos como los blancos*, se dijo, una cosa tan sencilla como una conferencia te lo convierten en algo muy precioso, *por eso todos quieren el regreso de Olaechea a Ebebiyín.* En la entrada habían colgado una enorme pancarta de lona de forma rectangular con inscripciones y titulares del encuentro AFROEUROPEAS, Culturas e Identidades Negras en Europa. Luego aparecían los logos de los organismos patrocinadores: Ministerio de Educación y Ciencia, Junta de Andalucía, Casa África, UCA (Universidad de Cádiz). Pancho llegó justo cuando estaba presentando su ponencia precisamente un guineano, un ponente de la Guinea Ecuatorial y el título de su disertación era *la Europa Africana*. Un título que no le gustó nada, *esos que viven en Europa también, se dijo, ya no saben nada, este tío debería hablar de Su excelencia, de infraestructuras, de petróleo y del Partido, ¿qué es eso de Europa Africana?, una mierda.* Pero a medida que el ponente iba desarrollando su tesis Pancho iba asintiendo con la cabeza:

—*¡Señores!*— decía el orador —*Estamos en un lugar que se sitúa a muy pocos kilómetros del continente africano. Estamos en un puerto de la historia europea desde donde han salido varios barcos y empresas humanas que han construido puentes indestructibles y lazos inalienables entre Europa y África, entre el mundo europeo y los pueblos negroafricanos. Nuestra presencia aquí y nuestra toma de palabra hoy, en este ilustre claustro, no es nada más que un testimonio más de la historia milenaria que narra los continuados e inalterables intercambios culturales, sociales, económicos, religiosos y de todos los demás ámbitos* *que concurren en el diálogo permanente y constructivo entre Europa y África. Visto de este modo, eminencias, permítanme que me sea permitido abordar en esta ocasión un tema entrañable de mi preferencia que es la Europa Africana, o la Africanidad de Europa. Soy de Guinea Ecuatorial, tengo raíces africanas, mi nacionalidad es española y me siento rotundamente europeo. Porque me identifico absolutamente con la apuesta de los pueblos de la Unión Europea, pueblos que tienen en común raíces grecolatinas, cuyos fundamentos se forjaron también hace milenios desde el Antiguo Egipto, en tierras africanas. Por eso hablamos de la Europa Africana o de la Africanidad de Europa. Aquí no nos referimos a las migraciones contemporáneas, que tuvieron una coloración trágica desde el siglo XVI hasta el siglo XIX, aquí nos referimos al verdadero entronque, de la génesis del proceso civilizador occidental que sale de África, desde el Antiguo Egipto, llega a Grecia y se extiende por toda Europa y regresa otra vez hoy a África, cerrando un ciclo evolutivo de varios siglos de germinación. Por eso hablamos también de la África europeizada, occidentalizada, porque el continente africano en su larga travesía histórica tiene siempre su mirada puesta en el continente europeo, como una esperanza, como una promesa puesta en un horizonte próximo y que se alcanzará en un futuro inmediato. África y Europa son dos continentes que están unidos por el mismo destino porque comparten la misma geografía, la misma geología y el mismo espacio fluido. Sus fachadas se modelan por los dos grandes espacios navegables que han hecho historia desde el comienzo de la aventura humana: el Mar Mediterráneo y el Océano Atlántico. Y, desde la ciudad de Cádiz, desde esta histórica capital española, cuna de la Constitución de 1812, mirador privilegiado de la ilustración europea, se puede contemplar todos los días esa realidad permanente, trascendente que es el encuentro de África y Europa entre el Mar Mediterráneo y el Océano Atlántico...*

Pancho no escuchó el final de la ponencia porque se puso a dormir, cuando se despertó la gente se levantaba y el guineano que había estado hablando se encontraba todavía en el palco, sonriendo, contento y satisfecho por su exposición de unión de África y Europa, le rodeaba gente importante, profesores, universitarios y mujeres guapas que nunca faltan en este tipo de eventos. Las mujeres hacían mil preguntas al ponente y los hombres le estrechaban la mano con simpatía y aprobación. Pancho miró el inmenso crono que controlaba el tiempo colgado en una de las paredes de la gran sala de conferencias. Ya eran las ocho de la tarde, el guineano se apresuró a salir del establecimiento y buscó el camino de regreso hacia el hostal, donde encontró a la Nena y Arévalo que le estaban esperando para la cena. Contó a la pareja el suceso del evento y Nena le reprochó el hecho de no haber tenido coraje para ir a saludar al conferenciante y darse a conocer. *Aquí no es Guinea, aquí nada se deja al azar ni para mañana, esos encuentros se aprovechan para multiplicar contactos, acabas de llegar de Malabo y necesitas amistades, contactos y conocidos aquí.*

Pero Arévalo minimizó la cosa argumentando que Pancho acababa de llegar y era prematuro para él ir a presentarse ante un grupo de universitarios y conferenciantes, además sin ningún título válido, él sí podía intentarlo porque, decía el ex guerrillero de las FARC, se sabía de memoria todos los discursos de Che Guevara y de Fidel Castro. Eso era verdad, porque a veces le invitaban a los cursos de verano que organizaban las universidades españolas, sobre todo en las provincias donde los socialistas gobernaban con profesores de Izquierda Unida. Casi toda la Andalucía, parte de Extremadura, Asturias y varios municipios del País Vasco, eran sitios donde la figura del Che y el mito de Fidel seguían incólumes, suscitando devoción y admiración. La Nena le acompañaba diciendo que era activista política cubana, vendiendo recuerdos y pósteres de las principales figuras de la izquierda latinoamericana: Ignacio Lula, Hugo Chávez, Evo Morales, Simón Bolívar, Cristina Kirchner, Eva Perón, Salvador Allende. Los precios subían cuando se trataba de camisetas con fotos del Che, postales de la Habana, puros, cigarros, artesanía africana y figurillas con barba de Fidel Castro. Nena había pasado todo un verano en el archipiélago canario, en Santa Cruz de Tenerife e imitaba a la perfección el acento cubano que se parecía al de Tenerife. Su buena labia comercial unida a su suculento acento de imitación cubana gustaba mucho al público amante de América Latina.

En un principio, para facilitar sus actividades en Ebebiyín, el militar español se aseguró el apoyo de gente de su tierra, porque iba a necesitar material que la jerarquía militar no le podía ofrecer. Para ello organizó un histórico hermanamiento entre su ciudad natal, Bilbao, y su tierra de adopción, Ebebiyín. El ayuntamiento de Bilbao aceptó encantado el hermanamiento y se hizo cargo del envío regular de herramientas de construcción a Guinea, donde se encontraba Oleachea: picos palas, carretillas etc. El estadio municipal de la futura capital de Kie Ntem pasó a llamarse Estadio San Mamés, con ello el equipo de fútbol local pudo beneficiarse también de los donativos que le enviaba el equipo bilbaíno: uniformes, balones, banderines, redes y demás equipamiento deportivo. El Sr Olaa, que no dejaba nada a medias, instituyó también las fiestas patronales de Ebebiyín, dedicadas a María Begoña, patrona de Bilbao, capital de la provincia de Álava. Varias congregaciones vascas de la Virgen de Begoña participaron también con envíos de material escolar y libros religiosos a las monjas de Ebebiyín. En las escuelas de la Akonangui y Acamayong, los alumnos aprenden la famosa canción muy en boga en aquellos años con letra salida de la playa de Bilbao:

> *Desde Santurce a Bilbao,*
> *vengo por toda la orilla,*
> *de prisa y corriendo con mis sardinas frescas*
> *mis sardinitas, qué ricas son*
> *desde Santurce, las traigo yo.*

De prisa y corriendo, el Sr Olea, como le llaman con afecto sus administrados, despliega su enérgico programa de desarrollo en su jurisdicción de Ebebiyín. Declara obligatoria y gratuita la enseñanza primaria en toda la comarca. Abre una red de carreteras que cubre todo el territorio de su circunscripción, facilita la comunicación de los poblados perdidos en la selva con su capital administrativa. Desde entonces todos tienen vía libre de acceso a la ciudad para ir a vender sus productos y satisfacer sus necesidades. El inmenso espacio regional de Ebebiyín que integraba entonces el distrito de Nsoa Nsomo se vio configurado por un triángulo que dibujaba su selva mediante la línea de carreteras trazadas desde Ngocom hasta Ndumu-Eseng, desde Medum-Yefac hasta Okong-Oyec y desde Akam-Nsomo hasta Eves-Esandón, de esas carreteras de primera línea salían otras pistas rurales que se entrelazaban formando un verdadero nudo de comunicaciones que facilitaba el trasporte y las comunicaciones en todo el territorio de Akonangui y Acamayong.   Para ello el bilbaíno pone en funcionamiento un eficiente servicio de transporte público integrado por las famosas *guaguas guineanas,* autobuses regionales, que contribuyen sobremanera al dinamismo comercial de la región de Ebebiyin. La toma de palabra también acompaña su acción, Olaechea organiza charlas y conferencias en los poblados y en las sesiones de los tribunales tradicionales para incitar a los guineanos a tomar iniciativas, trabajar y generar riquezas en su propia tierra. *Estas tierras son vuestras,* decía, *debéis trabajarlas si queréis vivir decentemente en un Estado de bienestar.* Para ello el oficial español requisaba mano de obra en los mismos poblados que iban a beneficiarse de los trabajos que se iniciaban: construcción de escuelas, trazados de carreteras, establecimientos de dispensarios, apertura de edificios administrativos, inauguración de iglesias, fundación de misiones católicas, instalación de destacamentos militares y otros edificios de utilidad pública. Para un mayor contacto entre los guineanos y su metrópoli, el militar empieza a facilitar viajes a España de los súbditos más destacados de su jurisdicción. Se cuenta en el país que, por mediación de Olaechea, un vecino de Ebebiyín, Nsué Obama Owono, un agricultor de Bidjabiján, productor de café y cacao, viajaron a Madrid y fueron presentados al general Franco en el palacio del Pardo en 1956.

En Ebebiyín sobran testimonios de gratitud hacia Oleachea. El vasco, lejos de comportarse como un colono en tierras de conquista, realiza una verdadera labor fraternal y se comporta como oriundo y natural de Ebebiyín. Las tierras de Ebebiyín, que ocupan un vasto espacio muy peculiar y único en toda Guinea, atravesado por rutas fluviales de gran caudal, penetrado por su agitada historia, poblado por hombres curtidos y rudos de carácter con gran arraigo a su tierra, nunca había visto a un extranjero sembrar tanta amistad y estrechar relaciones tan íntimas con el elemento local que no lo vio nacer. Olaa se entrega en cuerpo y alma a esas tierras tropicales donde ondea la bandera española y donde él encuentra el reflejo africano de su lejana patria vasca. Nadie todavía lo ha visto, él, sí, por su natural clarividencia. La región de Ebebiyín se presenta a sus ojos como su su nueva morada lejos de su patria chica, el País Vasco. El militar colonial considera que sus anfitriones, los fang tienen la misma mentalidad de los vascos: son como los de su tierra, trabajan duro, son fuertes, solidarios y respetan sus tradiciones, que siempre están en armonía en todo tipo de situaciones. El vasco se identifica con aquellos negros que presentan rasgos comunes con los de su tierra, que defienden también, no sin orgullo, su cultura; son peleones, trabajadores y hospitalarios, acogen a los extranjeros y los integran en su seno. El encuentro entre Olaa y los fang de Ebebiyín facilita sobremanera la modernización de este distrito y lo propulsa como sociedad que se encuentra en la vanguardia del desarrollo socioguineano. A principios de los años sesenta, la ciudad de Ebebiyín entra en competición con Bata, la capital litoral. Cuanto más que, a nivel ideológico, Ebebiyín es un territorio receloso de sus prerrogativas y ámbito cultural. Esa región es todo un postulado político. Su fuerza le llega de la tupida selva que protege las riberas de su río Kie, espejo fluvial que configura y diseña la región. Cuando se llega a Ebebiyín se siente emerger la energía natural y humana que desprende ese próspero territorio. Ebebiyín es el pueblo del dardo del espíritu justiciero. Ebebiyín de Akonangui (*Akon-ng* significa dardo, *nguí* es espíritu justiciero).

22

Es cuando aparecen y se consolidan varias instituciones y actividades en la actual capital de Kie Ntem. Se incrementa la producción de cacao y café con el apoyo del Patronato de Indígenas. Se fomenta el trabajo con la formación profesional del personal presente y disponible, no solo súbditos de la sociedad civil, sino también elementos del cuerpo militar reciben formación en carpintería, albañilería, fontanería, pintura, mecánica y electricidad. El capitán español lanza un programa de construcción de casas y establecimientos: obliga a los principales jefes tradicionales y destacados agricultores de la comarca a construir viviendas y residencias dignas de su rango. Les pone a disposición material y personal de obra.

En el ámbito educativo el militar prohíbe el vagabundeo. Los niños en edad escolar son sistemáticamente retenidos y conducidos a los centros escolares. El Grupo Escolar *Cardenal Cisneros*, entonces el más importante después del Centro Escolar *Generalísimo Franco* de Bata, cobra particular importancia por albergar alumnos que vienen de varios distritos vecinos, Mikomeseng, Mongomo, Nsork y Añísok. Después de superar su escolaridad en Ebebiyín los alumnos van a la

Escuela Superior de Fernando Póo (Malabo), otros a la Escuela de Artes y Oficios de Bata.

Del mismo modo, se aprovecha del dinamismo comercial que caracteriza el distrito de Ebebiyín para promocionar la actividad económica del distrito fronterizo y abre una factoría surtida de todo tipo de artículos y abastecida regularmente con mercancías provenientes de la capital litoral, Bata. Dicho establecimiento comercial se sitúa en Woro Ayop, un lugar estratégico, no lejos de la frontera con Camerún. Este primer establecimiento dará lugar a la implantación de una red de estableci- mientos de iguales características, en Acam, Bidjabidjan, Nkumadjap, estas localidades se dotaron de lo que ya existía en Alen-Ntagan. El administrador español fue el primero en integrar en sus planes de desarrollo la situación privilegiada del distrito como fronteriza. Por lazos múltiples, familiares y tradicionales, el distrito de Ebebiyín mantiene estrechas relaciones con tres provincias, también fronterizas, Ambam, en Camerún, Bitam y Oyem en Gabón, esas cuatro ciudades constituyen en realidad una misma zona económica integrada en el marco humano por ser habitada por la misma etnia fang y, a veces, por las mismas tribus: Odjip, Eseng, Nsomo (*Fong* en Camerun), Esandong, Esasom. Esto hace de Ebebiyín un foco de gravitación socioeconómica de primer plano. Un fenómeno reciente es el hecho de que, hoy, la mayoría de los guineanos del distrito de Ebebiyín van a casarse a

Camerún y a Gabón con mujeres de su misma etnia, lo cual refuerza los lazos de familiaridad y confiere al distrito de Ebebiyín una dimensión internacional que no tienen las demás provincias guineanas. Ya desde los tiempos del administrador español, la ciudad se dotó de infraestructuras para su vida cultural y deportiva. Olaa, alcalde y presidente del municipio realiza una serie de obras para la ciudad: sala de cine que se llama Okangon, estadio de fútbol que se llamó como el de Bilbao, San Mamés. Se organizó un campeonato de liga con tres equipos fuertes de la primera división: Cultural, Hércules y Caimán. Esos tres equipos formaban una selección cuando se enfrentaban con adversarios que venían de fuera: entonces la selección de Ebebiyín, que era el equipo oficial de la ciudad, jugaba con el nombre de Atlético Ebebiyín con camiseta azul blanca como los colores del Athletic de Bilbao, de donde procedía el uniforme. Más tarde, el Atlético Ebebiyín dio lugar a dos potentes equipos de talla nacional: el Akonangui Club de Fútbol, que fue varias veces campeón de la liga nacional y de varios otros trofeos, y el Club Acamayong.

Ebebiyín es pues una región muy peculiar en el marco sociocultural guineano. Se cuenta que cuando *Olaa* llega a estas tierras le sucedió algo extraordinario. Tuvo una alucinación, algunos dicen que fue una iluminación, un acontecimiento íntimo y personal. Se dijo que Olaechea experimentó una transfiguración en plena selva africana, un hecho que marcó de forma profunda su vida y sus convicciones de militar español. Un incidente que cambió de forma transcendental la personalidad del vasco, contribuyendo radicalmente a la evolución de su visión antropológica del mundo. Un buen día, Olaa se fue con unos amigos a bañar al río Kie, en el lugar que estaba reservado entonces a los blancos de la pequeña colonia. Y ahí, se dijo, vio flotar sobre las aguas, la cabeza de un negro chorreando sangre, pero con los ojos abiertos. La cabeza le miraba intensamente a los ojos. Era un cráneo viviente que había sido seccionado, separado del resto de su cuerpo. Gritó al ver al espectro al tiempo que se echaba a nadar rápido hacia donde se encontraba el rostro flotante, pero al llegar al lugar de la horrible visión no encontró nada, ni sus amigos presentes tampoco vieron nada. Aun con eso ordenó a los guardias guineanos que le custodiaban hacer una profunda inspección del lugar río abajo, pero no se encontró nada, ni la cabeza sangrante ni siquiera un supuesto cuerpo perteneciente a la cabeza degollada. Días después, en las noches, durante su sueño, el militar español empezó a soñar con la cabeza del negro que sangraba. La imagen se le presentaba cada vez más nítida, la cabeza del hombre le observaba siempre con una intensa mirada en los ojos, su cuello seccionado sangraba abundantemente. Lo que más le impresionaba era el semblante tranquilo del individuo, con su mirada penetrante de hombre lleno de vida, y a veces le parecía que sus labios se movían como queriendo decirle algo, confiarle un secreto o simplemente dialogar con él. La cabeza debía pertenecer a un gran señor de la selva, se dijo el español en plan burlón, como queriendo restar importancia al fenómeno que empezaba a asediar sus noches y a invadir sus sueños. El militar hablaba de sus sueños repetitivos, donde siempre le aparecía el rostro de un hombre vivo con la cabeza cortada y sangrante, a uno de sus ayudantes negros. Éste le recomendó ir al poblado de Nsuemang Nsomo a consultar con los mayores de ese pueblo. Le reveló también que él había sido elegido por los ancestros y sus visiones significaban la llamada de los espíritus, pues la cabeza sangrante es ni más ni menos que la figura suprema del máximo misterio que sigue guardando la selva fang.

23

Mboo Ba es un personaje mítico, de una tribu prestigiosa, casi bíblica, perteneciente a los Nzomo de Guinea Ecuatorial. Su legendaria sede se encuentra en Nsok Nzomo. Los Nzomo son una de las tribus más numerosas de la etnia fang en Ebebiyín y en el resto de Guinea Ecuatorial. En Camerún se les denomina Fong. Los Fong son propietarios de las tierras de Ebolowa, forman parte de los iniciadores de la secta de la selva africana Nzé Midjong (el tigre trotacaminos) que se dio por misión atacar y raptar personal colono en tierras africanas. Uno de sus territorios de hegemonía era Afanengui, en el distrito de Mikomeseng. *Afanengui* en primera traducción significa *bosque de los gorilas*, pero en segunda lectura, tiene el significado de bosque del *guí*; *guí* en el mundo de los Ekang significa *el genio*. El bienhechor. En el marco político el fenómeno del Nzé Midjong se asimila a la lucha política anticolonial que se lleva a cabo en las colonias que se encontraban en lucha por las independencias de sus Estados. La mayoría de los líderes políticos de África ecuatorial ha tenido parientes miembros de la secta Nzé Midjong, en particular el gran líder de la etnia Basa, Ruben Um Nyobé, cuyo padre fue uno de los principales miembros de esa secta africana ultrasecreta. Mboo

Ba es a quien se atribuye la dirección de la batalla que los fang ganaron a las hordas islámicas que venían del norte africano organizando razzias negreras. Mboo Ba y los suyos organizaron la resistencia y repelieron la agresión negrera en el bosque ecuatorial. Cuenta la leyenda que tras su proeza épica su cuerpo desapareció en la selva y su cabeza, símbolo visible de su espíritu ancestral, eligió morada en el bosque sagrado de Nsoa Nsomo. Cuando llega el oficial vasco al distrito de Ebebiyín, éste despierta la curiosidad de los ancestros por su magnanimidad y benevolencia, de común acuerdo, deciden, pues, entronizarle, hacerle miembro del clan de los Ekang. Las apariciones de la legendaria cabeza de Mboo Ba eran manifestaciones de agradecimiento al oficial español que había traído prosperidad y progreso al distrito de Ebebiyín. En compensación, los espíritus del mundo invisible de la comarca deciden iniciar a este buen hombre blanco al mundo esotérico fang.

Cuando el militar español llegó al poblado de Nsuamanga Nzomo, se asustó por el caluroso recibimiento del que fue objeto. Le recibieron gritos de guerra fang, cantos de baleles típicos del biben y danzas de onzila. Cayó la noche y los mayores del pueblo le llevaron a una parte de la selva cuyo acceso era prohibido a los no iniciados. Era en un espacio preparado para las grandes ceremonias nocturnas, donde se bailaba el *Abok Misim*, la ceremonia de purificación que los fang organizan para resolver casos de incestos en la familia. En el caso del militar español era todo lo contrario, le preparaban para ir en peregrinación a Nsoa Nsomo, donde le reclamaba el espíritu viviente del célebre héroe fang, Mboo Mba, cuyos restos mortales se encuentran en un lugar desconocido de Ebebiyín. Los que aún quieren entrar en contacto con el espíritu del legendario ancestro van a Nsua Nsomo, donde, según cuentan, se deja ver su rostro sangrante y conversa con su interlocutor. Para ello hace falta previa ceremonia de purificación en un poblado Nsomo que se destaca por su pureza y nobleza. En aquellos días, la misión recaía en el pueblo de Nsuemang, y el que presidía la ceremonia ritual era el notable del pueblo, Mengué Mbomeyo, con la asistencia de los prinicpales figuras de los demás pueblos destacados de Ebebiyín: el jefe Esasom de Bidjabijan, el jefe Anguak de Alen, el jefe Oyec de Okong, el notable Nsomo de Meduma, el jefe Efac de Ngoñg, el curandero Miboman de Ayogan, otro notable Nsomo de Atong, el jefe Eseng de Misaa, otro notable Eseng de Oveng, el jefe Yefac de Mbedum, otro notable Eseng de Ndumu, un curandero Esasom de Esong, el jefe Esamondon, también de Esamongom, un trovador de Olong-Midjimivoeng, otro notable Eseng de Ngokua, el jefe Esandón de Adjap, un curandero Efac de Atut y un notable Onvang de Acam. Todos juntos, a medianoche, sus espíritus cayeron en trance y cargaron el cuerpo inerte del blanco y lo llevaron a los bosques de Nsua Nsomo al encuentro del cráneo que chorreaba sangre.

Cuando la comitiva nocturna que llevaba el cuerpo en trance del hombre blanco llegó al bosque sagrado de Nsok Nzomo de repente, surgido de la nada, apareció un grupo de doce muchachas, vírgenes, que rodearon al grupo de los notables y luego se desplegaron en abanico. Eran bailarinas del onzila, se habían ataviado con los adornos de su balele; cada una llevaba un anduñg, plumas de abubilla en la cabeza, figurillas de biang-melan, tótem de la danza, en los hombros y mekora, huesos de castañas, en las piernas. Empezaron su folklore recitando la cosmogonía de los Fang y su genealogía ancestral, cuya máxima figura se focalizó en Afiri Kara, varón de la séptima generación de Háma Ta, del que descienden las grandes familias etno-lingüísticas fang: Fang Afiri, Bulu Afiri, Okak Afiri y Ntumu Afiri principalmente.

Después se recitó la biografía del militar español que adquiría aquella noche su identidad Ekang-Fang de ascendencia bantú. Alabaron sus orígenes vascos, se dijo que la tierra de la Vasconia fue parte de la tierra africana que se separó del pueblo Afiri Kara durante las grandes migraciones de los pueblos del Mar de la Sangre, de donde partió también la gran migración Ekang. Unos se internaron en el continente y se establecieron en la África central actual, otros subieron a Europa y Asia, la gente vasca siguió su peregrinación hasta llegar a la península ibérica en el Mar Cantábrico, su lengua siguió teniendo la misma sonoridad y conceptos parecidos a la de los fang, quienes también alcanzaron el ecuador tropical y llegaron al oceáno Atlántico.

Aquella noche se volvía a restablecer la aproximación de aquellos dos pueblos que fueron muy próximos en la antigüedad. En honor al gran reencuentro histórico de aquella noche, el balele onzila fue rebautizado con el nombre del hombre blanco hecho africano. Allí nació el balele fang que hoy se llama Olaechea. Cuando el balele Olaa terminó su recital, el bosque se iluminó y apareció el cráneo sangrante de Mboo Mba para dar su bendición, fue una intensa lluvia de sangre que bañó y purificó a todos sus asistentes. En el misterio de la noche, en el espacio sideral del territorio mítico de Nsok Nzomo, bañando con su cuerpo la sangre que salía de la cabeza del ancestro negro, Oleachea, el vasco de Bilbao, nacido en Barakaldo fue entronizado en el culto Ekang; ya era un fang de la selva, formando cuerpo con aquellos espíritus y almas que llenaban el bosque, alabando su existencia en la frondosa naturaleza, gozosos y felices de ser ancestros y guardianes de los vivos... El oficial, consagrado hijo y heredero del bosque guineano descubrió su nueva existencia y dimensión en esa nueva humanidad triunfante de la selva. La verdad de su vida estaba ahí. Allí le revelaron la verdad del verbo fang, el Nvet, y le contaron la trilogía mística del pueblo de la Palabra: el Hombre, la Muerte y la Inmortalidad. Le revelaron el nombre del principio y del fin: El Eyó, el único ser, cuya única manifestación es todo lo existente. No hay nada ni nadie fuera del Eyó. El hombre es sagrado, porque forma parte del Eyó, el hombre es divino, porque forma parte del Eyó, el hombre nace santo porque forma parte del Eyó, el hombre es supremo porque forma parte del Eyó. La vida de un fang es una gran oda a la gloria del Eyó de quien todo sale y a quien todo retorna. El Ekang, hombre o mujer, canta cuando nace y canta cuando muere porque su vida es una fiesta permanente, su existencia sagrada está en Eyó.

Con su mirada de ultratumba, el hombre de la cabeza cortada, suspendido a diez metros de altura, la cabeza iluminada por una luz invisible ordenó al trovador elegido para la ceremonia, el Mbom Nvet, recitar la historia del misterio de la noche y de los orígenes de los Ekang, cuando salen de su Tierra Primitiva en busca de tierras fértiles y de la mar salada. Entretanto un avisado curandero se había instalado junto a una gran hoguera que se consumía sola también por un fuego invisible, al lado del blanco tendido en el suelo, transformado por su nueva identidad y a quién el curando aplicaba varios ungüentos. De cuando en cuando daban al hombre tendido en tierra un brebaje de complicada composición que le sumía en un profundo y relajante sopor. En torno las bailarinas del onzila dispuestas en abanico, continuaban con su danza frenética girando y sacudiendo el cuerpo en todos los sentidos, siguiendo el ritmo de la selva que dictaba el conjunto instrumental de la ceremonia. Se le presentaron, uno a uno, los utensilios de la cultura Afiri para personajes de su rango, eran objetos de sabiduría, ciencia y magia: el Akpua, escobilla de bambú, símbolo de autoridad, justicia y moderación; el Nguith, amuleto-tótem protector de su genio y generador de su principio energético; el Nlak-Nguit, cuerno de animal tallado que le permitía penetrar en la esfera superior de los genios de la noche y entrar en contacto con los demás brujos y hechiceros de la región. Para un mejor manejo de los objetos que le acababan de dar, objetos que podían volverse contra su posesor si éste no respetaba ciertos principios, el adivino-curandero que le asistía le hizo tomar tres brebajes, el primero era preparado con agua de Okara (cuidado), para que supiera cuidar y proteger sus amuletos; el segundo brebaje contenía hierba de Osiman (memoria), para que siempre se acordara de sus preceptos en la selva y de su código de conducta como brujo y notable fang; y el tercer ungüento contenía cortezas de Esula (inspiración), para que su vientre generara buenas ideas para la comunidad y todo su cuerpo tuviera buena armonía psicosomática. En la anatomía fang, el centro del sistema humano, el espíritu, está en el vientre, no en el cerebro, el cerebro es un simple auxiliar que controla, regula y ejecuta el conjunto de actos biológicos necesarios para el funcionamiento del cuerpo humano. La esencia superior del ser viviente se encuentra en su aparato digestivo y en el exterior de su persona, y en su entorno físico inmediato.

Eyeeeeeeee, de la selva brotó el grito del oyenga, el canto de triunfo de la mujer fang. La selva de Nsok-Nzomo se iluminó en aquella noche mágica, tiempo de iniciación y entronización. Alumbraron con las mil antorchas que salían de las chozas y cabañas para mezclarse con la luz de las estrellas junto a la luna. La noche de misterio se trasformó en una gran bola negra que envolvió a todos los presentes y, en el bosque de Nok Nzomo, Oleachea Oruño empezó a andar con un nuevo caminar, en un espacio sin tiempo, entre Bilbao y Ebebiyín, entre Vasconia y Guinea: le llamaban Olaa u Olea, nombres fang. Llegaron grupos de hombres y mujeres a festejar el triunfo del hombre blanco hecho negro en la frondosidad de las riberas del Kie; crecieron las aguas del río de Ebebiyin y derramaron su encanto en el bosque en fiesta. Se bailó el Mendjang Me Yecaban del problado de Okong, el Omias de Adjab, el Ndong Mba de Bidobo, el Machacando de Bidjabidjan, el Meka Menka de Esong, el Mesong de Acam, el Mengan de Meduma, el Eñeng de Andom. El concierto final lo dio el legendario trovador Mvé Meñe de Efac Atut, quien contó a la asistencia los orígenes remotos del oficial español, hijo de Guinea, enviado por el pueblo vasco a cumplir su misión en tierras africanas. En su recital, el legendario trovador vidente narró con su Nvet en la mano la larga ascendencia de dos familias del pueblo de Euskadi, los Olaechea, padre, y los Oruño, madre, de cuyo entronque en Barakaldo, en tierras ikurriñas, nació Olaa. Nve Meñe hizo también una larga citación de figuras de la gran Vasconia que se destacaban entonces en el escenario político español, habló de Jaime Echeberría, alcalde de Vitoria, figura del nacionalismo vasco, éste peleó en la época de la dictadura de Primo de Rivera; citó a Manuel Irujo, diputado foral de Navarra y luego ministro de Largo Caballero en el periodo republicano; recordó a Manu Robles-Aranguiz, bilbaino, diputado por Álava, gran propagador de las doctrinas abertzales; recordó a Manuel Lekuona, nacido en Oyarzun, San Sebastián, en Guipúzcoa, que fue presidente de la Academia de Lengua Vasca; evocó la figura del profesor Luís Elizalde, de Vitoria, euskerólogo, escritor y gran ideólogo abertzale, quien en su novela *Landibar* expuso los rasgos culturales que fundamentan la identidad vasca. Así fueron saliendo de la boca del trovador fang, inspirado por la noche de la magia, nombres ilustres del mundo mítico de Euskadi, nombres de hombres que se juntaron con los espíritus africanos del universo bantú en aquella noche de encanto tropical. Porque, según cantaba el trovador vidente, aquel encuentro esotérico se hizo posible por el hechizo del hombre que vino de Bilbao. Porque también de España, Olaechea trajo un mensaje de libertad y fraternidad entre los pueblos, evitando sobremanera el fuero fascista franquista en boga entonces en la Península. En Ebebiyín, desde la selva africana de Nsok Nzomo, desde Akonangui hasta Acamayong, se empezó a caminar por la senda de la libertad guineana.

En 1966, Oleachea viaja a España, aprovechando un periodo de licencia vacacional, la muerte le pilla en Bilbao, el 28 de marzo del mismo año. Aquel día, en la selva de Ebebiyín, resonó un grito desgarrador. Las aguas del Kie y del Ntem guardaron un silencio sepulcral, los espíritus de la tierra acogieron con dolor el espíritu del hombre muerto que recibía digna sepultura en Vizcaya. Todas las campanas de todas las iglesias de Ovuar de Kie, católicas y presbiterianas, se pusieron a repicar al mismo tiempo. Desde Akonangui hasta Acamayong se levantó una estela, una larga senda desde Ebebiyín hasta Bilbao en honor de aquel blanco hecho hijo de la selva negra africana.

24

Tras la incursión andaluza el trío de viajeros regresó a Madrid. Arévalo fue a depositar a Nena y a su primo Pancho en Getafe. Les dejó en la estación de Renfe, un poco alejados de la calle donde vivía la guineana. Simple medida de precaución, porque Nena le había confesado que Anthony ya lo sabía todo, su idilio, sus escapadas al Mediterráneo y sus negocios entre Marbella y Gibraltar. Al madrileño le importaba un bledo porque daba por perdido y fracasado su matrimonio con la guineana, lo único que le importaba era preservar el entrañable clima de *unión familiar* que reinaba en el hogar en torno a la figura de su suegra, madre de su esposa. Hacía mucho que habían dejado de compartir cama y dormían en habitaciones separadas. Aun con ello, Arévalo, que tenía sangre amerindia y cultura católica, evitaba todo tipo de contacto con el marido de Nena. Pero, cosa curiosa, no le molestaba *compartir* a su novia con sus clientes, que no eran pocos. Decía que aquello era diferente, *forma parte de nuestro trabajo y de nuestra armonía,* argumentaba. A la Nena todo le daba igual, tenía sexo con cualquiera, hombre o mujer, con el mismo entusiasmo y placer. No comprendía a los hombres que se complicaban la vida por *algo tan hermoso y enriquecedor*, decía. Poco después de su llegada a

Madrid, de regreso de Guinea con Anthony, éste empezó a cambiar progresivamente, no le renovaron el contrato en la AECI (Agencia Española de Cooperación Internacional). Cuando se fue a Guinea, tenía su carné del PSOE en la maleta y Zapatero estaba en la Moncloa; a su regreso encontró todo cambiado, ya nadie hablaba de bonanza económica, ni del estado de bienestar, ni del gran poderío de las empresas españolas, ni de la Champions League, donde, se dijo, jugaba la economía española junto a las economías de Alemania, Inglaterra y Francia. Nada. España ya era otra. Se hablaba de un gallego en la Moncloa; era un nuevo Franco, pero en régimen democrático, tenía bigotes y mucho más, como antaño el Generalísimo; se hablaba de Bárcenas en la prisión; se anunciaba el cierre y subasta del aeropuerto de Ciudad Real; se mostraba el nuevo orgullo del Partido Popular (PP) de Madrid, la construcción de la flamante cárcel de Navalcarneros donde se alojaba también un alto ejecutivo del PP que fue el mismo que la inauguró y, claro, se hablaba de recortes, más recortes y, toma que dale, se llegaba a los desahucios, y, toma, cada vez más. Anthony abandonó el combate por K.O técnico. Su perfil de repatriado ex-socialista no cuadraba en los puestos posibles a los que presentaba su candidatura. En suma, todo lo que era posible en España cuando el joven cooperante se fue a Guinea ya no lo era cuando regresó a Madrid.

Anthony se quedó mucho tiempo en paro; perdió esperanzas de cambio, perdió confianza en sus posibilidades, perdió, por fin, su autoestima. Cambió radicalmente de actitud, encontraba también que todo había cambiado en España, todo lo que era fácil antes ya le parecía imposible; lo que antes era sólido en el estado del bienestar se derretía como nieve bajo el sol, incluso el discurso político había cambiado de boca; las frases que antaño oía pronunciar en los discursos sevillanos de Felipe González y Alfonso Guerra, ya las oía en Madrid, en la Puerta del Sol, salían de la boca de un joven de larga melena vestido de camisa blanca arremangada hasta los codos y todos le aplaudían, mientras gritaban un eslogan muy decidido y casi demencial. Podemos, podemos, podemos... Podemos era el nombre del nuevo partido que había venido a suplantar al PSOE. Decepcionado, cada vez que veía aparecer la cara de Pablo Iglesias, el líder de Podemos en la televisión, Anthony se ponía a gritar con rabia: *Pokemón, Pokemón, Pokemón, ladrón*, luego apagaba la tele. La política ya no le interesaba, así como todo lo demás que le había interesado antes de ir a Guinea. En este naufragio madrileño, Nena fue la única superviviente, tejió su red de resistencia con inusitada rapidez y encontró también medios de subsistencia en un tiempo récord. Era ella la que ya traía salario a casa, pagaba el alquiler, hacía compras y preparaba la comida. Anthony nunca le preguntó el tipo de trabajo que hacía fuera de casa ni cómo ganaba su dinero; su marido se contentaba con cuidar el piso, ordenar las cosas, fregar los platos, lavar la ropa y esperar el regreso de su mujer. Si hubieran tenido hijos Anthony los cuidaría igual, con mucho cariño, los lavaría, los vestiría, prepararía el desayuno y los llevaría al cole. Y por las tardes iría a buscarlos, les llevaría de paseo al parque antes de regresar a casa, les prepararía la cena, les llevaría a la cama y les contaría un cuento para que tengan un bonito sueño para una buena noche porque por la mañana empezaba una nueva jornada: la misma. El paro y el ocio le hacían beber mucho, había engordado y se volvió impotente. El sexo de su mujer ya no le interesaba. Cuando la Nena trajo a su madre de Guinea, Anthony pareció alegrarse del reencuentro familiar y agarrarse otra vez a la vida; acogió a su suegra como a su propia madre. En su compañía ya no se quedaba solo en casa durante las largas ausencias de su mujer, la cual procuraba dejarle dinero suficiente para sus necesidades diarias, que no eran muchas: tres litros de vino y un paquete de tabaco. La despensa estaba siempre llena de provisiones. La madre de Nena también estaba contenta con su yerno, porque siempre se quedaba en casa con ella, cuidándola. La vieja había decaído mucho después de su llegada a España, a pesar de los buenos ratos y los largos días que pasaba en compañía de su yerno, mirando la televisión. A fuerza de estar juntos todo el tiempo, suegra y yerno habían llegado a operar una transmutación mental mutua, fenómeno típico en la brujería africana, sus personalidades se habían compenetrado tanto que hacían todo al unísono, se despertaban a la misma hora, desayunaban a la misma hora, miraban los mismos programas televisivos, expresaban la misma opinión sobre el mismo tema, fumaban juntos, cenaban juntos y, al anochecer, se iban a la cama a la misma hora. El único problema era cuando la Nena regresaba a casa. Desentonaba.

Antes de regresar a casa, una vez que Arévalo les hubo dejado en la estación de Getafe, la Nena llevó a Pancho a un bar a tomar una copa. Allí la muchacha le explicó el estado de las cosas.

—¿*Y qué vas a hacer?*— preguntó Pancho por toda respuesta.

—*No sé, pues parece que ahora Anthony está más casado con mi madre que conmigo.*

—*Y tú más pegada a Arévalo que a Anthony*

—*Pues mira, Arévalo es un tío majo, un muchacho inteligente y lleno de ambiciones. Tuvo un pasado difícil y una infancia muy dura. Lo está superando, yo le ayudo en lo que puedo, por el momento nuestra asociación funciona muy bien, somos complementarios los dos, juntos hacemos cosas que yo nunca pude imaginar aquí en España, lo mismo me dice él. Somos como mi madre y Anthony, je, je, en el poco tiempo que llevamos juntos hemos tenido buenas ganancias, hemos invertido mucho, pero también hemos ahorrado algo. El problema es que no sabemos lo que vamos a hacer después.*

—¿*Después de qué?*— inquirió Pancho.

—*No sé*— dijo su prima —*pero siempre hay un después...*

—¿*Tú que piensas hacer?*

—*Yo, nada, pero Arévalo sí quiere que vayamos a instalarnos a Guinea de aquí a poco tiempo, es inteligente, ha hecho buenos beneficios últimamente, pero me dice que este tipo de actividades no se hace permanentemente, se hace en un tiempo limitado, se gana pasta y se cambia radicalmente de actividad y de lugar. Hace poco viajó a Guinea de incógnito, con pasaporte diplomático que compró en la embajada guineana. Vino encantado, dijo que para él Guinea es el país adonde le gustaría ir cuando cuelgue los guantes. Y sus guantes los quiere colgar el año que viene.*

—*Tiene razón, deberías pensar en tu futuro.*

—*Mira, mi futuro está aquí y ahora. He logrado traer a mamá aquí, está bien y Anthony la cuida muy bien, además...*— Nena dudó un poco antes de soltar sus palabras —*sigo queriendo a Anthony, no tiene a otra persona en su vida, soy su única familia, por eso también se identifica con mi madre...*

—*Las mujeres sois muy difíciles de entender, yo pensaba que estabas locamente enamorada de Arévalo.*

—Es verdad, pero Arévalo es una espina en mi vida. Todo iría bien si a Arévalo no se le hubiera metido en la cabeza ese proyecto absurdo de ir a instalarse a Guinea; él no sabe que con el viejo ese en el poder, Guinea nunca será para los mismos guineanos: para los extranjeros, sí. Pero Arévalo no lo sabe ni lo puede entender. Mira, incluso ha encontrado una plaza de profesor en la UNGE (Universidad Nacional de Guinea Ecuatorial) y le van a pagar con un salario de expatriado.

—¡Profesor de Universidad! ¿No me dijiste que es un ex guerrillero de Colombia?

—Es así, tú ya sabes lo que es Guinea, el país de los tuertos. Además, un puesto de profesor en Malabo es para él la mejor manera de enterrar para siempre su vida anterior. Yo iría con él si no tuviera tantos compromisos, no puedo abandonar a mi madre ni a Anthony, es mi familia. Por contra ahí mismo en Guinea salí con gente muy peligrosa y le pueden hacer daño y vida imposible a Arévalo. No sé cómo explicárselo. Bueno, basta de pasear por mi laberinto, hablemos de ti ¿Por qué has venido? Lo pasabas bien, ganabas mucho dinero, ayudabas a la familia y de repente, hete aquí en Madrid, sin previo anuncio, ni aviso, ni nada...

—Pues mira, no sé por dónde empezar..., es fácil y al mismo tiempo complicado, como tus amores.

—*Pues habla, ya te he hablado de mis* amores.

—*¿Te acuerdas de Olaechea? Aquel oficial colonial del que siempre nos hablaba Abuelo, pues quiero visitar su tumba. Me han dicho que está en Bilbao.*

—*¿Has venido a España para visitar la tumba de un blanco muerto hace décadas?*

—*Sí, hermana, porque yo también voy a morir. Prometí a nuestro abuelo antes de que muriera, que yo visitaría en su nombre la tumba de este señor, el que le ayudó a tener todas las propiedades que tenemos en Ebebiyín...y, además es mi hermano de sangre, mi binomio ancestral, me iniciaron en el mismo lugar en que se hizo su ceremonia en Nsok Nzomo, yo también tengo el mismo tipo de alucinaciones que él tuvo, pero lo suyo era positivo, yo, yo estoy enfermo, ¿sabes?*

Ndong Pedro Pancho contó con todo lujo de detalles el recital que el lector ya conoce. Se trataba de recuperar el tótem que Olea se llevó de Ebebiyín a su regreso a España.

—*Muy bien, no hay problema*— cortó Nena un poco nerviosa —*llamo a Arévalo y el domingo nos vamos al País Vasco, para ver tu tumba en nombre del abuelo.*

—*¿Por qué directamente a la tumba? El colmillo de elefante podría estar en la casa que dejó o con sus hijos, qué sé yo...*

—*Es verdad*— respondió Nena que tenía una larga experiencia en la materia —*pero esas cosas, aunque las ves físicamente tienen cualidades paranormales y magnéticas. Este colmillo no es un simple colmillo de elefante. Es un tótem. Además, en Guinea pensábamos que Olea es quien decidió traerlo a España, pero fue todo lo contrario, es el tótem quien se pegó al cuerpo del blanco cuando el militar salió de Guinea para su jubilación. Se dio cuenta de la presencia del fenómeno muy tarde cuando ya llevaba casi un año instalado de nuevo en Bilbao. Antes de su muerte mandó ayuda a los de Sok Nzomo para venir a recuperar el tótem antes de su muerte. Nadie vino entonces, todos estaban ocupados por la maldita independencia guineana. Pues te ha tocado a ti recuperarlo. No tenemos tiempo que perder.*

—*Gracias, y hay algo más. Voy a morir de verdad. ¿Sabes? En Guinea todo el mundo está muriendo, lo malo es que mueren paulatinamente, mueren viviendo, tenemos un sistema que nos mata lentamente. Ves a un guineano, lleno de bienes, con altos cargos, pero se muere estando vivo; ves a un chaval, va a clase, pero muere prematuro, no vive; ves a una chica, guapa, aparentemente llena de vida, pero su cuerpo está carcomido, corroído por la enfermedad de Guinea. Te encuentras con un joven que comienza su vida, pero no tiene futuro, ya está contaminado, le han administrado la gran enfermedad de Guinea; te encuentras con un padre de familia, ya es un muerto vivo, su mujer ya es de otro de los que mandan, sus hijas son violadas por los que mandan y, mañana su hijo, único, será huérfano. Hoy Guinea es un gran sanatorio, todos estamos enfermos, estamos cansados, cansados de todo, de tanto sufrir, llevamos cerca de medio siglo de sufrimientos, de torturas, de asesinatos, de miedo, de violencia, de incultura, de analfabetismo, de corrupción. Llevamos años y años parados en un mismo sitio, con el crono del alma estropeado, el disco rayado, con el mismo discurso de siempre, desde 1979 con un viejo sepulturero que acompaña a los que caen por su enfermedad, él siempre va al cementerio, a enterrar a los más recientes, al bebé que acaba de nacer; al niño que va a la escuela; a la mujer que va al mercado; al funcionario que va al trabajo; a la profesora que va a la Universidad; al ejecutivo que va a su despacho; al campesino que va a su finca. Nadie se salva, nadie vive en Guinea. Así se van todos, así se va Guinea.*

—No hables así, Pancho, que me das ganas de llorar— intentó bromear la Nena.

—No, no llores, lo nuestro ya no es para llorar. No me llores cuando yo muera., al venir a España, he hecho el único acto que pudo tener sentido en mi vida. Por eso te hablo de aquel blanco vasco, Oleachea, él venía de España, era militar, y

eran tiempos coloniales, pero sin embargo fue ese hombre blanco quien vino a nuestro pueblo, a Ebebiyín a dar ejemplo, a dar prueba de amor, de empatía y solidaridad humana a nuestros abuelos. En Ebebiyín, desde Akonangui hasta Acamayong, todos se acuerdan del comandante Olaa, dio sentido a nuestras vidas, nos enseñó a vivir, nos mostró cómo construir un país. Él tuvo un proyecto de sociedad para el distrito de Ebebiyín y Ebebiyín creció, prosperó, se hizo grande y sus hijos crecieron y llegaron por todas partes cantando la gloria de su tierra. Fue una bella época, porque se vivió también una gran epopeya, la de un blanco con alma negra. Este señor te mandaba a trabajar en las obras de la carretera porque después la guagua, el autobús, iba a llegar a tu aldea y tu pueblo ya no estaba incomunicado en el bosque. Te mandaban a la escuela para luego ilustrar a tu pueblo como maestro; se era militar no para torturar a opositores ni maltratar a los paisanos y extranjeros, sino para poner orden y defender el suelo patrio; se era cantante no para alabar a Su Excelencia, sino para cantar al pueblo de Guinea; se era intelectual no para enumerar las obras del Presidente, sino para elaborar y formular la nueva identidad guineo-ecuatoriana; se era funcionario no para adherirse al partido único en el poder, sino para atender al ciudadano soberano y libre en su pueblo. Todo eso lo vivimos en Ebebiyín, lo cuentan todos los mayores de Akonangui y Acamayong y todo eso se perdió. Desde hace años, somos un pueblo sin vida, un colectivo de zombis, de gente errante sin norte ni sur. Yo ya estaba harto de ser guineano, estaba harto de ser ecuatoguineano, como dice Su Excelencia en sus discursos insípidos, por eso me han mandado a Bilbao para recuperar el tótem de Olaechea. Pensamos que si su alma regresa a Ebebiyín tendremos renovadas energías y fuerzas para supervivencia y continuidad de esa gran comarca que es Ebebiyín.

Las lágrimas bajaban lentamente de las mejillas de la Nena a medida que Pancho iba describiendo la tragedia guineana. Nena sabía que su primo decía la verdad, pero ella había decidido optar por la vida, vivir, olvidar todo, no decir nada ni protestar y no hacerse preguntas y soportar. Y nada más. Él y Pancho habían sido huérfanos de padre. Poco después de la independencia, el régimen guineano que se encarnó primero en el primer presidente, Francisco Macías Nguema, mandó ejecutar a sus padres respectivos porque no votaron al partido vencedor de las elecciones presidenciales de 1968. En esos primeros años de la independencia, Ebebiyín perdió a más de la mitad de los miembros de su elite sociocultural, entre ellos al médico Manuel Nguema Obono. Más adelante llegaría el turno de dos de las grandes figuras de la independencia guineana, Jesús Alfonso Oyono Alogo y Buenaventura Ochaga Ngomo. Ya entrado en el decenio de los años dos mil, Ebebiyín volvió a perder a uno de sus ilustres hijos, Pedro Motu

Mamiaga, el oficial que capturó a Macías en la selva de Nsangayong. Al final del mismo decenio le tocaba el turno, muerto en extrañas circunstancias, al último mito de Kie Ntem, hijo de Ebebiyín, Manuel Nsé Nsogo. Fue un alto funcionario de la administración central del Estado que en vida se destacó por su honestidad personal y sus sólidas bases intelectuales. Miembro eminente de la Iglesia Presbiteriana guineana, su rectitud sólo se igualó a su voluntad profunda de cumplir con su deber al servicio del Estado guineano.

Manuel Nsé Nsogo nunca se metió en la política. Fue en realidad uno de los pioneros de la sociedad civil guineana. Como funcionario de Estado fue quizás el único alto ejecutivo de la Guinea independiente que supo establecer una distinción muy clara, una línea divisoria infranqueable, entre los intereses del Estado y los intereses familiares y tribales de cada uno de los guineanos. Nsé Nsogo nunca se sirvió de sus funciones ni de su influencia ni de su talante en la alta administración para promocionar a su hijo, a un hermano suyo, ni a su mujer, ni mucho menos a uno de su tribu ni de su región, tal como se ve en toda Guinea con el régimen del nguemismo triunfante. Fue todo lo contrario, un funcionario modelo que encarnó a la perfección y con coraje la defensa del bien común, representante de un Estado neutro e imparcial y de una Administración al servicio de la ciudadanía guineana en toda su diversidad y pluralidad: fang, bubi, ndowe, annobonés, bisio y criollo. Éste fue Don Manuel Nsé Nsogo. Participó activamente al advenimiento y a la emergencia de la sociedad civil guineana, plataforma indispensable para el pluralismo político y el respeto de los derechos y libertades fundamentales de cada guineoecuatoriano. Se destacó por sus múltiples iniciativas militantes y fue el fundador de varias asociaciones de las que se destacan ACGEDEA, dedicada a la promoción y defensa de derechos de personas mayores, y RED PERSIDA-asociación de periodistas guineanos de lucha contra el Sida, una epidemia que hace estragos en la sociedad guineana. Se ilustró como activista intelectual, animador cultural y buen profesional de los medios de comunicación social, fundó dos órganos de información de la prensa escrita, *La Opinión* y *El Tiempo*, dos publicaciones que se emitían por Internet y llegaron a ocupar, de cara al exterior, el inmenso vacío creado en Guinea Ecuatorial por la ausencia de una prensa libre, periódica, cotidiana y regular. Por todo ello, ese digno y modesto hijo de Guinea merece una página aparte en el libro de oro de Ebebiyín. Don Manuel, al igual que los innumerables dignos hijos que ha tenido Guinea en su historia, murió en extrañas circunstancias, en uno de los nuevos mataderos que, se dice, tiene el régimen en Malabo, camuflado en una clínica.

—*Vamos a casa, mañana te llevo al País Vasco. En Bilbao está la tumba de Olaa*— dijo la

Nena al cabo de un largo silencio y tras el duro recuerdo de los personajes caídos en Ebebiyín ante la dictadura tras la independencia guineana

A la mañana siguiente, vino Arévalo a buscarlos y fueron al País Vasco. En Bilbao no fue fácil dar con la dirección de la última morada del oficial muerto. Tuvieron que consultar los archivos de la Guardia Civil en la comandancia de Bilbao; todo ese ajetreo les llevo el día entero. Tuvieron que pasar media mañana en el barrio de San Francisco, el barrio africano de Bilbao, para recabar datos. Finalmente encontraron a un viejo militar jubilado que vivía con una guineana, también ya jubilada de su *trabajo*, pero que mantenía una casa de citas en la legendaria avenida bilbaína de San Francisco. Desde ahí los llevaron al viejo cementerio, donde se encontraba la mayoría de los restos mortales de los que habían sido altas personalidades de la ciudad. Durante todo este tiempo de búsqueda de la sepultura de Olaechea, Pancho empezó a mostrar signos de malestar. *No es nada, es la proximidad del espíritu de Olaa*, dijo medio en broma y medio en serio. Llegaron al cementerio y Arévalo se quedó en el coche esperando.

Ante la tumba del blanco, Pancho se quedó mucho tiempo inmóvil, como ausente, con la mirada perdida en el vacío. De regreso al coche, el guineano tuvo un ligero desmayo que alarmó a su prima. Pero tras la visita que hicieron a la tumba de Olea, una simple visita para un profano, pero que en realidad fue una operación esotérica de recuperación del tótem de Ebebiyín. Para los que tenían ojos para ver, se dijo que el espíritu del comandante Olea se levantó de su tumba y transmitió en manos propias el colmillo de elefante que vino de la selva guineana. Tras lo cual, el físico del hombre que vino de Guinea, Pancho, cambió de aspecto y la muerte se instaló en su cuerpo. Su cara demacrada se parecía al de un viejo enfermo que llevaba muchos años de padecimiento. Nena sabía perfectamente el coste de una operación de las que acababan de realizar con el espíritu de Oleachea en la tumba de su cementerio de Bilbao. Sabía que su primo iba a morir después de la recuperación del tótem. Ndong Pedro Pancho era el hombre que toda una región, Ebebiyín, tenía que sacrificar para volver a apropiarse de su patrimonio ancestral, que nunca debió salir de sus tierras.

—*Oye, no vengas a hacer brujería aquí, no quiero complicaciones*— le lanzó Nena como una broma.

—*Yo no hago nada, me siento ahora como poseído, me siento como flotando en otro mundo, a veces os pierdo de vista y de repente me encuentro en plena selva sin saber lo que hago ahí ni quién me ha traído. Son cosas que me ocurren desde que salí de Guinea cuando emprendí el viaje en el continente desde Soamanga. Como os he dicho antes es la enfermedad que tenemos todos en Guinea. Nadie se imagina lo que sufrimos nosotros los guineanos porque estamos en un infierno. Sufrimos desde el día de la independencia, por eso yo quería visitar la tumba de este señor vasco, porque todos los mayores y ancianos de Ebebiyín solo tienen su nombre en la boca, como si fuera su héroe nacional nos cuentan que fue un hombre excepcional, nos quiso mucho y construyó nuestra ciudad; quería hablar con él, con su espíritu.*

—Pues ya lo has hecho, ¡vamos!

Tras la recepción solemne y esotérica del tótem de Ebebiyín de manos del muerto, Nena tomó la palabra sobre la tumba del blanco y habló en una lengua desconocida por su primo Ndong, era el fang-mekieñ la lengua sagrada del bwiti. Nena se despedía definitivamente del alma del militar vasco para que descanse en paz en el cementerio de su ciudad natal y en su parcela familiar. Los visitantes reemprendieron el camino de regreso. Arévalo propuso que fueran también a Guernica, ya que estaban en el País Vasco, también había que rendir homenaje a las víctimas de la guerra civil española. Se fueron al pueblo, cuyo drama pintó Picasso. Ya en el coche, Pancho siguió hablando del mal guineano, de la mala independencia, de la corrupción, de la larga dictadura, del nepotismo africano que corroe el Estado guineano, de las torturas que se practican en las cárceles guineanas, de los asesinatos impunes que practica el régimen. Era todo un delirio. Estaba muriendo

—*Mira, a uno de los pocos personajes que nos quedaban en Ebebiyín también se lo han cargado. Lo llevaron a su famoso hospital de Malabo donde trabajan los israelíes y de allí no volvió a salir. Se dijo que le suministraron lo que les suelen dar.*

Pancho seguía hablando de la muerte de Nsé Nsogo y de repente empezó a delirar en el coche; se le había subido la fiebre y escupía sangre. Nena que siempre tenía soluciones a todo ya tenía un plan preconcebido en todo punto. Pidió a Arévalo dirigirse a San Sebastián de inmediato. En Donostia, conocía a unos paisanos que vivían en Rentería. Tenía allí a una amiga también guineana que conoció cuando una vez, Nena, cuyo *trabajo* la llevaba por todas partes de España, vino a trabajar en una casa de citas, La Tropical, que se encuentra justo enfrente del gran puerto de Pasaía. Este puerto dio su nombre al pueblo que era antes un centro pesquero con muchos pescadores y no pocos marinos. Entonces los marinos saltaban de sus embarcaciones y pisaban tierra firme en el caluroso local de La Tropical. Nena trabajó en este establecimiento e hizo muy buenas amistades, aun tenía el teléfono de una de sus amigas. Su amiga se llamaba Elim, camerunesa también de la etnia fang, de Ambam, cuya familia había emigrado a Guinea y se había afincado en Ebebiyín. Oriunda de la ciudad fronteriza, Elim le dio cita en Amara, la estación de autobuses de San Sebastián. Encontraron a la camerunesa de Ambam esperándoles en Amara. Les dijo que ya se había puesto en contacto con los de Casa de Guinea y les había explicado el percance que les había ocurrido. Los de Guineaetxea les habían mandado a su vez al servicio de urgencias del hospital de San Sebastián. Ya habían llamado al médico de turno y éste les estaba esperando. Cuando llegaron al establecimiento, un equipo de emergencia les esperaba y el médico les reconfortó.

—*No se preocupen, nos encargamos del enfermo y pronto llegará un representante de la Casa de Guinea que se hará cargo de las gestiones administrativas. Necesitamos su documentación y pasaporte sanitario si lo tiene*— concluyó el galeno.

Llevaron a Pancho al consultorio, tras los primeros análisis diagnosticaron su estado muy grave y le ingresaron directamente. Mientras tanto Elim llevó a sus amigos a Intxaurrondo, donde se encontraba la sede de la Casa de Guinea, lunar en el que pasaron la noche en una habitación reservada a los visitantes. Por la mañana un responsable de la asociación vino a anunciarles con mucha pena que la muerte del enfermo ingresado en la víspera había sido inevitable. Su leucemia se encontraba en la fase final, Pancho seguía en vida por simple milagro. *Quería recuperar su tótem antes de morir*, se dijo Nena para sus adentros.

Epílogo

Fue una gran fiesta, una verbena popular, una gran liturgia tropical que se celebró en el estadio San Mamés de la ciudad de Ebebiyín. Todo el pueblo de Akonangui quería rendir último homenaje al cadáver de su hijo muerto en España. La noticia del fallecimiento de Ndong corrió como un reguero de pólvora por todo el país ntumu y movilizó a toda la comarca desde Ngocon hasta Ndumu Eseng, desde Mbedum Yefa hasta Okong, desde Akam Nzomo hasta Eves Esandón pasando por Meko a Onvang y desde Oveng Eseng hasta Abiere Esatop y desde Mekomo Efan, Atud Efac hasta Mekak Yebenveiñg. Aquel día todas las carreteras de la provincia de Ebebiyín convergían en su capital donde afluía la gente interminablemente.

Todas los baleles de la selva fang vinieron para la gran fiesta que se celebraba por la muerte del hombre nacido en aquellas tierras: olaocha, menguemomias, mendjang meyecaban, mbatawe, mokom, ngoantangan, mosong mebere engon, obrung, nlup, akomamba, eñeng, mekamenka, biben, onzila, moan biang, ndong mba, machacando y ababuya. El entierro de Ndong no fue un luto sino una marcha de triunfo, una explosión de alegría de todo un pueblo que festejaba el retorno a casa de su tótem.

Por parte del finado, a Ndong le hubiera gustado vivir en la época colonial y haber podido ver a los grandes prohombres que le recitaban que Ebebiyín había tenido antes de la independencia. Su abuelo siempre le hablaba del comandante Olaechea. Su tío también. Le hablaron del político Jesús Alfonso Oyono Alogo, de Buenaventura Ochaga Ngomo, de Salvador Ndong Ekang, toda esa gente había muerto, pero nadie sabía dónde se encontraban sus sepulturas. Sólo de uno, el comandante Olaechea le decían que su tumba estaba en España. Su abuelo le dijo también que le habían iniciado, a él, Ndong, en el mismo lugar donde se hizo la ceremonia nocturna, cuando el pueblo fang de Ebebiyín consagró al militar vasco como hijo adoptivo del distrito que supo administrar. Su abuelo le dijo que él y Olaechea eran hermanos porque compartían la energía de un mismo tótem, el mismo genio protector, habían recibido el mismo patrimonio ancestral.

Por eso durante toda su vida, en momentos de delirio, creía ver al fantasma del blanco saliendo a su encuentro en actitud fraternal. Por eso también su tío y el pueblo de Nsuamanga le enviaron al País Vasco. Era también una promesa hecha a su abuelo en el lecho de su muerte. Su abuelo había sido el ayudante del oficial militar. Y le había contado al nieto la obra pionera de Olaa en Ebebiyín como fundador de esta ciudad. Antes de morir, el guineano logró cumplir la promesa hecha a su abuelo y a sí mismo. Era su manera de participar en la reconstrucción del pueblo de Ebebiyín y su renacimiento. De este modo Ndong fue caminando en la senda de Oleachea, una historia que abría sus páginas desde Akonangui hasta Barakaldo y desde Ebebiyín hasta Bilbao.

Ginebra, 31 de enero de 2025

Joaquín Mbomío Bacheng, de la etnia fang, nació en 1956 en Bisobinam, en el distrito de Niefang, Región Continental de Guinea Ecuatorial. Cursó estudios primarios en Mbini y posteriormente el bachillerato en el Instituto Carlos Lwanga de Bata, ciudad en la que además se  formó como Profesor de Enseñanza Media en el Centro de Desarrollo de la Educación.

Sufrió persecución durante la dictadura de Francisco Macías Nguema y fue detenido por la policía política y acusado de alta traición. Siendo aún estudiante fue llevado a la cárcel de Bata y posteriormente condenado a trabajos forzados en las plantaciones de cacao de la isla de Bioko hasta que cayó la dictadura. Fue liberado tras el *Golpe de Libertad* del 3 de agosto de 1979 de Teodoro Obiang Nguema.

Recibió el indulto de las nuevas autoridades y obtuvo una beca del gobierno francés para estudiar Periodismo y Filología en Lyon. Terminó sus estudios en 1987, con Licenciatura en Ciencias de Información y Comunicación por la Universidad Jean Moulin-Lyon III, en Francia. Fue además cofundador y responsable del sector económico de la Organización Cultural de los Estudiantes de Guinea Ecuatorial en Francia (OCEGE) entre 1983 y 1986.

Regresó a Guinea Ecuatorial en 1988 y trabajó con la agencia France-Presse y también como profesor de francés y animador cultural en el Centro Cultural Francés de Malabo.

En 1990, y tras amenazas de ser detenido por el nuevo régimen, se trasladó definitivamente a Francia. En 1994 obtuvo el Diploma de Estudios Universitarios de Desarrollo en el Instituto Universitario de Estudios de Desarrollo de Ginebra, Suiza (1994).

Joaquín Mbomío Bacheng es periodista y colaborador de numerosos medios de comunicación, sobre todo en Francia y Suiza, países donde desarrolla su labor profesional. Ha colaborado con Radio Saint Etienne y en la agencia France-Presse, en Francia y con el diario Le courrier y la revista cultural Regaf en Suiza. Es miembro de Syndicom, el sindicato de periodistas de Suiza.

Novelas de Joaquín Mbomío Bacheng:

-*El párroco de Niefang* (ediciones en auge, 2016)
-*Huellas bajo tierra* (ediciones en auge, 2016).
-*Matinga, sangre en la selva* (Ed. Mey, 2013)
-*Se fue la independencia* (ediciones en auge, 2018)

www.ediciones-en-auge.eu

Zeitfracht Medien GmbH
Ferdinand-Jühlke-Straße 7
99095 Erfurt, Deutschland
produktsicherheit@kolibri360.de